stern
4 Millionen Arbeitslose
Wie viele suchen wirklich einen Job?

stern
Nackt
Zwischen Kunst und Pornografie: Die Geschichte der Enthüllung

stern
NEUE SERIE
Der Aufstieg Amerikas
Von der Kolonie zur Weltmacht

stern
Die Tricks der Fälscher
Risiko Natur-Medizin

stern
Seiten-sprung
Wie Männer und Frauen mit Untreue umgehen
Uschi Glas und ihre clevere Rivalin

stern
170 000 Deutsche haben abgestimmt

stern
Was den Rücken stark macht
Die Rache Israels

stern
Das neue Hochschul-Ranking
Deutschlands beste Unis
• Wo studieren?
• Was studieren?
• Wie sind meine Chancen?

stern
Europa aus der Luft

stern
Was er will, was er kann, was er hasst
Der Ossi
Das unbekannte Wesen
Romy Schneider und die Liebe

stern
Das Protokoll des Amoklaufs: stern-Reporter schildern den 26. April am Gutenberg-Gymnasium
Tod in Erfurt

stern
Neue Stern-Serie
Wem gehört das Heilige Land?

stern
Die nackte Wahrheit
Kann Schröder noch gewinnen?

stern
Generation Hasch
Warum so viele junge Leute kiffen
Die Euro-Abzocker

stern
Verrückt vor Liebe

Nach dem Nitrofen-Skandal:
Wie gut ist Bio?
BIO
Die Debatte um Möllemann und Walser und die Frage, was man in Deutschland sagen darf

Expedition ins Ich

Das Fußball-Fest
Pisa-Studie

Das stern Jahrbuch 2002

Das war 2002

Das Beste vom stern

Impressum

Herausgeber
Thomas Osterkorn
Andreas Petzold

Art Director
Tom Jacobi

Gestaltung
John Skudra

Redaktion
Siegfried Schober

Mitarbeit/*stern*-Redaktion

Deutsche Politik/Berlin
Tilman Gerwien

Wirtschaft
Joachim Reuter
Johannes Röhrig
Stefan Schmitz
Jan Boris Wintzenburg

Ausland
Mario R. Dederichs

Sport
Rüdiger Barth
Giuseppe Di Grazia
Thomas Schumann

Kultur und Unterhaltung
Jochen Siemens

Redaktionelle Mitarbeit
Dr. Peter Mayer

Freie Mitarbeit
Dr. Angelika Franz
Marcel Maerz
Isa von Heyl

Textchefs
Sabine Kartte
Peter Meyer
Dr. Alfred Welti

stern-Bildredaktion
Beate Magrich
Cornelia Bartsch
Andreas Trampe

Redaktionelle Mitarbeit
Uschi Balsam (Hamburg)
Helga Dupuis und
Heidi Heuser (Paris)
Dagmar Seeland (London)
Angelika Hala und
Sue Lapsien (New York)

Dokumentation
Günther Garde

Schlussredaktion
stern-Schlussredaktion

Objektleitung
Florian Wagner

Herstellung
Antje Petau
G+J-Druckzentrale

Lithografie
MWW Repro, Hamburg

Druck und Bindung
MOHN Media
Mohndruck GmbH, Gütersloh

1. Auflage 2003
ISBN: 3-570-19374-8

Zu diesem Buch

Es war ein Jahr voller Katastrophen und Unsicherheiten – nicht zuletzt durch die Terroranschläge auf Djerba, in Bali und Kenia mussten die Menschen feststellen, wie gefährdet ihr Leben überall und jederzeit ist. In der Weltpolitik spitzte sich die Konfrontation zwischen Saddam Hussein, dem unberechenbaren Diktator des Irak, und George W. Bush zu: In diesem *stern*-Jahrbuch finden Sie eine ausführliche Analyse der gefährlichen Kriegspolitik des amerikanischen Präsidenten. Verlorene Illusionen bestimmten die Wochen nach der deutschen Bundestagswahl: Ein detaillierter Essay beschreibt Chaos-Kanzler Gerhard Schröder. Gefallene Helden auch im Big Business der New Economy, wo zeitweilig alle Maßstäbe und jegliche Geschäftsmoral über Bord gegangen waren, so das Fazit des Wirtschaftskommentars. Doch selbst in den Desastern gab es Lichtblicke: etwa bei der Jahrhundertflut, die besonders schwer den Osten Deutschlands traf, zahlreiche Menschenleben kostete, Hab und Gut vernichtete, Milliardenschäden anrichtete. In der Not zeigte sich Heldentum im Alltag, bewährten sich Nachbarschaft und Bürgersinn – die ganze Republik nahm Anteil und leistete Hilfe, als Städte, Dörfer und Landstriche in den Fluten versanken. Ein großer Sonderteil mit den eindrucksvollsten Bildern von der Katastrophe bildet den Mittelpunkt dieses Buches, ergänzt durch einen Report, der die Ereignisse im August 2002, ihre Ursache und Folgen zusammenfasst.

INHALT

Pop-Star: Die lateinamerikanische Sängerin Shakira eroberte die Charts

Irak-Krise: US-Präsident Bush bei einer Division im amerikanischen Fort Drum

Sport-Spektakel: Eröffnungszeremonie der Olympischen Winterspiele in Salt Lake City

Archäologen-Sensation: Ein 3600 Jahre alter Bronzediskus, ausgegraben in Sachsen-Anhalt

Protest-Frauen: Demonstration in Sydney gegen die Politik der Welthandelsorganisation WTO

Jahrhundert-Flut: Fünf Stunden lang harren die Jäpels auf einer Mauer ihres vom Hochwasser der Müglitz weggerissenen Hauses im Erzgebirge aus, bis ein Hubschrauber sie retten kann

Kanzler-Spiel: Gerhard Schröder beim Tischfußball in Worpswede

Flugschau-Katastrophe: Bei dem Absturz in der Ukraine sterben 85 Zuschauer

Reise ins Blaue

Im ewigen Tag des antarktischen Sommers gleitet auf einer Eisscholle eine kleine Gruppe von Kaiserpinguinen durchs Südpolarmeer. Selbst um Mitternacht noch taucht die Sonne im Dezember den kalten Kontinent in unwirkliches Dämmerlicht. Doch die Stille täuscht: Über der Kemp Coast braut sich ein Sturm zusammen – und den Frackträgern auf ihrem natürlichen Floß steht bald eine turbulente Fahrt bevor

Baby

Schlaflose Nächte in Ramallah

Palästinenserführer Jassir Arafat inspiziert sein Bett nach einem Angriff der israelischen Armee auf sein Privatquartier in der Stadt Ramallah am 6. Juni. Die Armee hatte während der Nacht die Stadt belagert und mehrere Gebäude zerstört. Der Angriff galt als Revanche für ein palästinensisches Selbstmordattentat am Vortag, bei dem 17 Israelis starben

Grenzschutz per Gondel

Wo sonst Urlauber zwischen schwimmenden Gärten auf Hausbooten in der Sonne dümpeln, patrouillieren indische Grenzsoldaten an den Ufern des Dal-Sees in Srinagar, Kaschmir. Sie sind im Frühjahr 2002 die einzigen Besucher des Touristenparadieses. 19 der Shirakas – üppig geschmückte Sightseeing-Gondeln – haben sich die Soldaten für 6000 Rupien (etwa 125 US-Dollar) im Monat für ihre improvisierte Küstenwache angemietet.

Zupacken, schießen, siegen

Er spielt Tischfußball, wie er Politik macht: den Blick immer fest auf das Objekt seiner jeweiligen Begierde gerichtet, kräftig zupackend – und, man sieht es am Gesicht: Er will gewinnen. Im Juni versuchte sich Gerhard Schröder beim Besuch des Künstlerdorfs Worpswede an einem Tischkicker. Gelernt hat er die Gesetze von Sieg und Niederlage allerdings viel früher: als jugendlicher Mittelstürmer beim Heimatverein TuS Talle

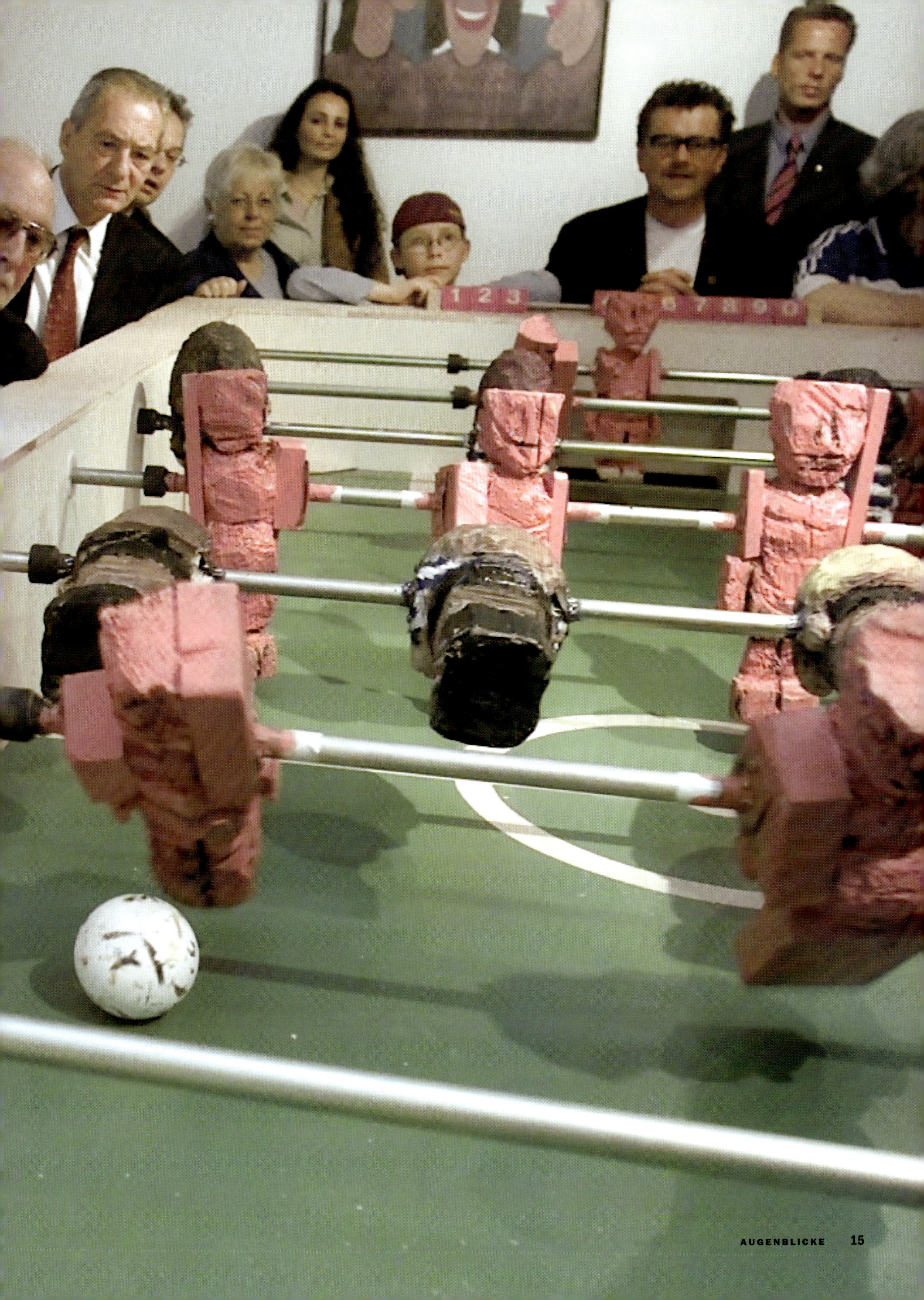
1 2 3

Auf Posten in der Wüste

Die Einöde fest im Blick bewacht ein afghanischer Soldat die Straße zur US-Militärbasis in Bagram. Von seinem Platz auf einem Raketenwerfer aus soll er dafür sorgen, dass Truppenverlegungen in die Arma-Berge nicht gestört werden. Dort suchen internationale Kampfgruppen unter amerikanischer Leitung seit Anfang März 2002 im Rahmen der „Operation Anaconda" nach geflüchteten Taliban-Anhängern und Al-Qaeda-Mitgliedern

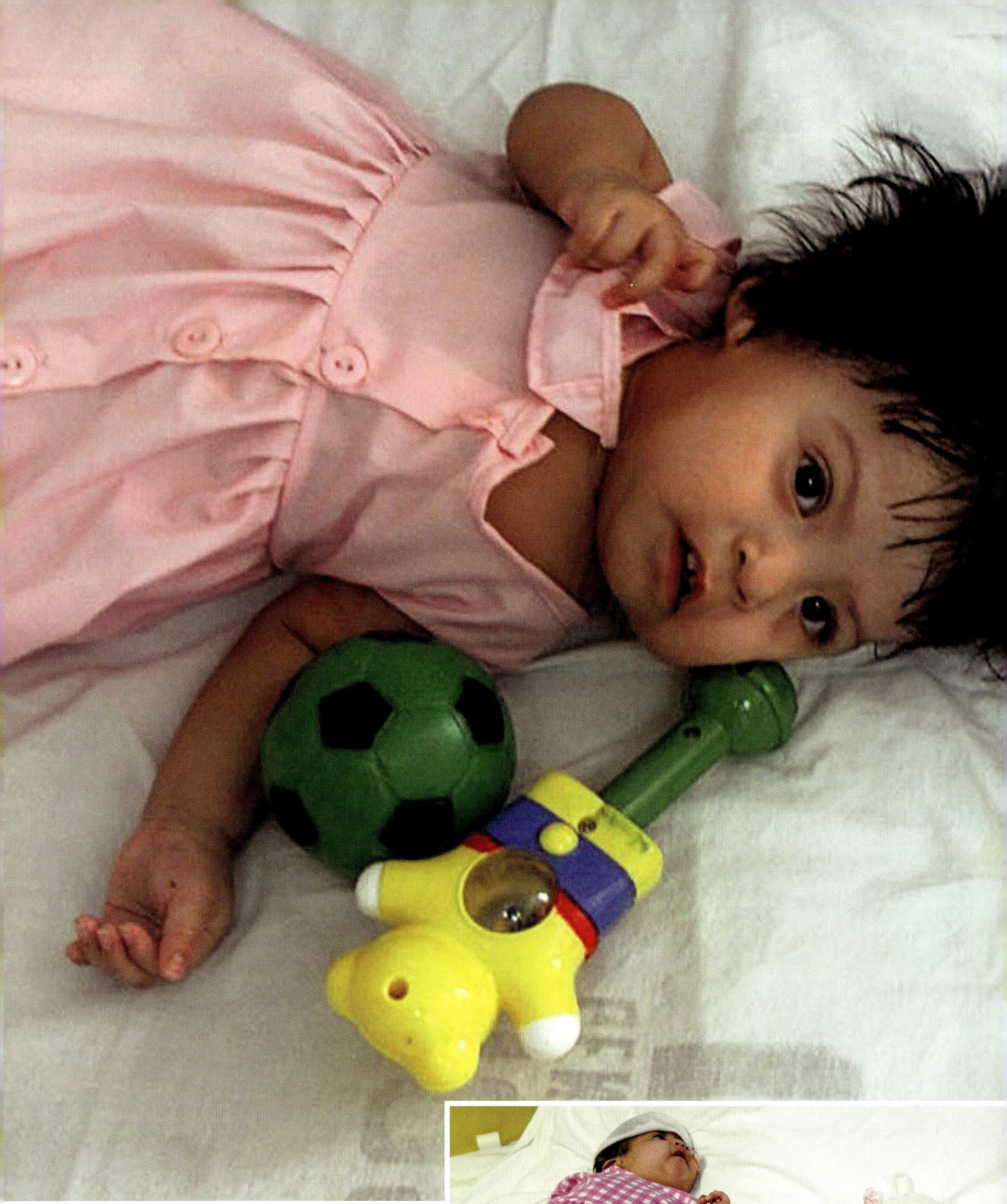

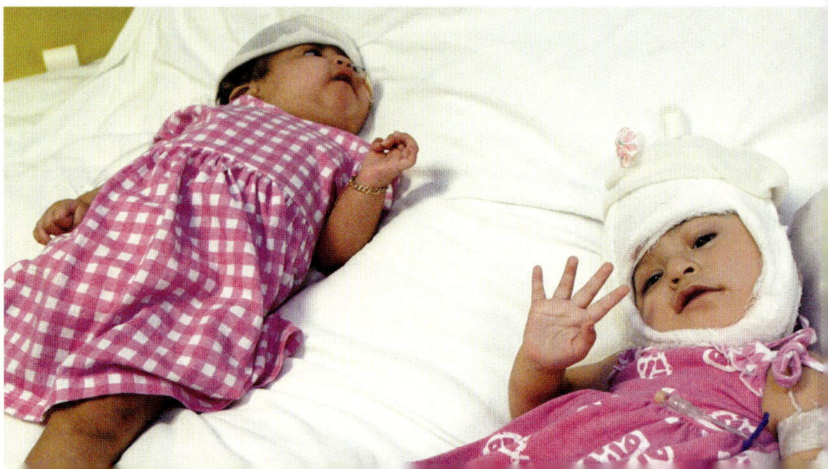

Ein Leben, zwei Leben, ein Schicksal

Maria Teresa und Maria de Jesus aus Guatemala waren am Kopf zusammengewachsen, eine Schädeldecke umhüllte ihre zwei Gehirne. Siamesische Zwillinge mit dieser Missbildung gibt es unter einer Million Geburten nur einmal. 22 Stunden operierten Spezialisten aus Los Angeles die Babys. Danach durften die Kleinen heim zu den Eltern. Die Ärzte müssen jedoch noch einmal ans Skalpell, um den zwei Marias eine natürliche Kopfform zu modellieren

Spektakel mit schrecklichem Ende

Die zwei Piloten konnten ihre Schleudersitze noch rechtzeitig auslösen, doch 85 Zuschauer wurden vom Feuerball überrollt, als am 27. Juli im westukrainischen Lwiw (Lemberg) bei einer Flugshow eine russische Suchoj-27 explodierte. Die Maschine war in einer steilen Kurve außer Kontrolle geraten und raste brennend durch die Menschenmenge. Nur wer sich rechtzeitig auf den Boden werfen konnte, überlebte die Feuerwalze. Die SU-27 ist als besonders wendiges Flugzeug bekannt, das auf Flugshows immer wieder durch riskante Manöver die Besucher begeistert

God Save The Queen

Zur Feier ihres 50. Thronjubiläums hat Elizabeth II. erstmals seit 25 Jahren die goldene Staatskutsche aus der Remise geholt. Am 4. Juli führt die 76-Jährige darin eine lange Prozession vom Buckingham Palast zur St. Paul's Kathedrale an. 700 000 jubelnde Untertanen säumen an diesem Tag die Straßen von London und gratulieren Ihrer Majestät zum halben Jahrhundert Regentschaft. Doch schon wenige Wochen später ist die Festtagsstimmung verflogen. Wieder einmal sorgen Nachwuchs-Royals für Skandalträchtiges. Es geht um zwei Butler der Königsfamilie, eine mutmaßliche Vergewaltigung vor einigen Jahren im Palast, den Thronfolger Prinz Charles – und wieder einmal um den Fortbestand des Hauses Windsor. Doch den garantiert, solange sie Königin ist, Elizabeth II.

Blanke Brüste gegen die Blockade

Mit der traditionellen arabischen Kefije um den Kopf, dafür ohne BH protestieren israelische Frauen gegen die Blockade von palästinensischen Städten im Gaza-Streifen und im Westjordanland. Auf der jährlichen Schwulen- und Lesben-Parade am 28. Juni in der Innenstadt von Tel Aviv nutzten Tausende von Protestlern die Gelegenheit, um singend und tanzend ihre Kritik an der Besatzungspolitik der israelischen Regierung auszudrücken. Der Tag stand unter dem Motto: „Gay Pride“ (Stolz auf die Homosexualität). Viele der israelischen Demonstrantinnen trugen Plakate mit der Aufschrift: „Wir sind nicht stolz auf die Besetzung!“ durch die Straßen und malten sich Zielscheiben auf die Oberkörper

NOT
BUSH
PEPSI

Reiter und Pferd – mal umgekehrt

Im Sattel bleiben, um jeden Preis und so lange wie möglich: Das ist Rodeo. So ließ sich beim Turnier im australischen Wagga Wagga Jim Butler auch nicht abwerfen, als das buckelnde Pferd zur Rolle rückwärts ansetzte. Gute anderthalb Tonnen Stute landeten auf dem Cowboy, aber Jim blieb unverletzt. Zehn Minuten später ritt er schon sein nächstes Rodeo

Versöhnliche Geste im Niemandsland

Mit einer Blume in der Hand überschreitet das kleine Mädchen aus Südkorea die entmilitarisierte Zone an der letzten Grenze des Kalten Krieges – der symbolkräftige Akt war Teil einer historischen Zeremonie am 18. September, bei der auch der Stacheldraht zwischen Nord- und Südkorea fiel. Nun kann der Bau von Verkehrsverbindungen zwischen den einstigen Erzrivalen beginnen. Zuvor musste der vier Kilometer breite Grenzstreifen von tödlichen Minen gesäubert werden

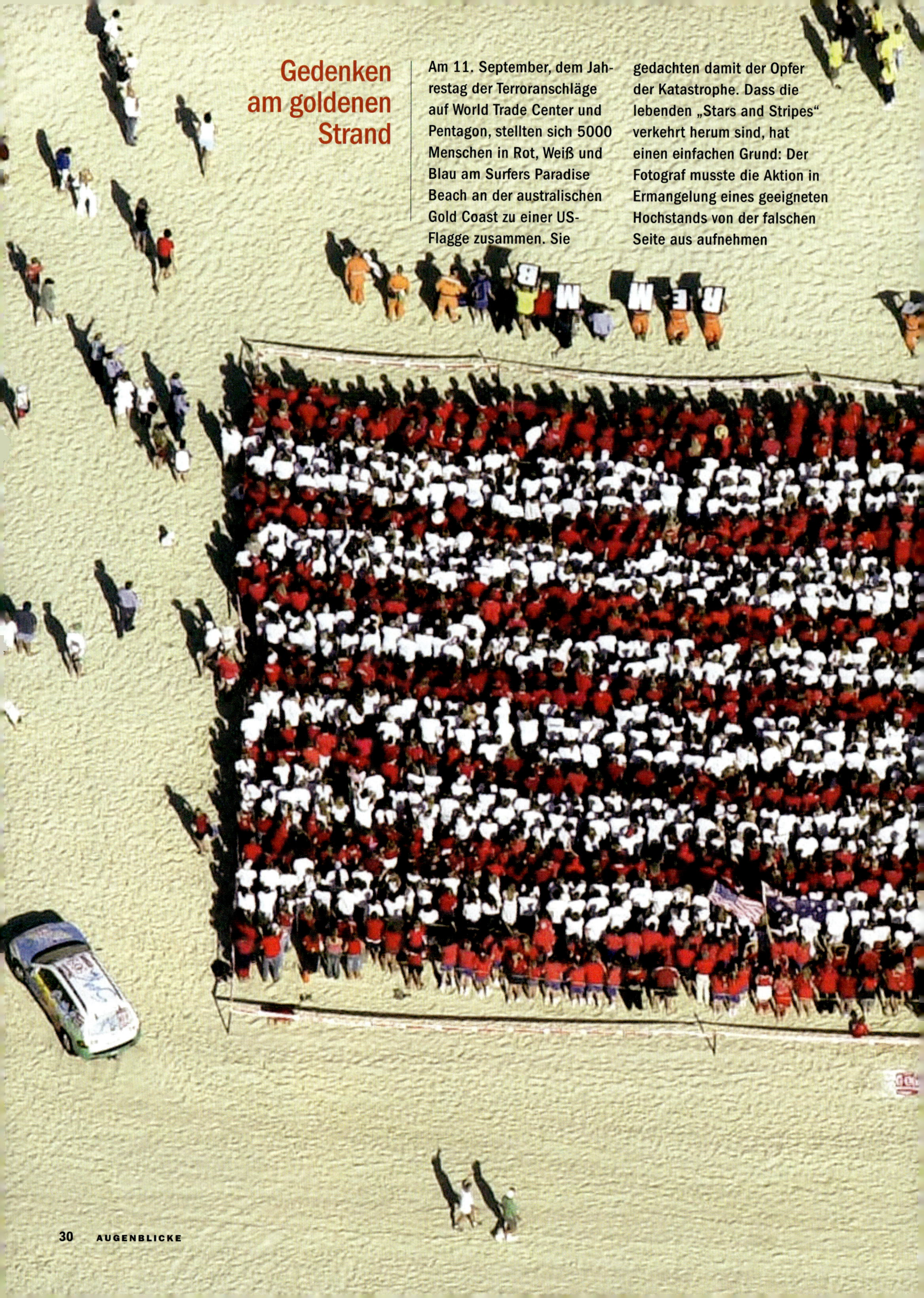

Gedenken am goldenen Strand

Am 11. September, dem Jahrestag der Terroranschläge auf World Trade Center und Pentagon, stellten sich 5000 Menschen in Rot, Weiß und Blau am Surfers Paradise Beach an der australischen Gold Coast zu einer US-Flagge zusammen. Sie gedachten damit der Opfer der Katastrophe. Dass die lebenden „Stars and Stripes" verkehrt herum sind, hat einen einfachen Grund: Der Fotograf musste die Aktion in Ermangelung eines geeigneten Hochstands von der falschen Seite aus aufnehmen

Gluck und Schluck

Christie Holliday aus Naples hat Platz genommen in einem Unterwasser-Bistro, das beim „Lower Keys Unterwasser-Musikfestival“ zu Tische lädt. Die Veranstaltung findet jedes Jahr vor der Südküste Floridas statt und zieht rund 600 Taucher an. Manche sagen, das Festival sei vor allem den Anwohnern ein willkommener Anlass, eine Party auf Booten zu feiern – unter denen nämlich sind die Lautsprecher angebracht. Doch wer dabei gewesen ist, der schwärmt von dem einmaligen Klang der Musik, ob was Blubberndes von den Beatles, eine verschwommene Elvis-Imitation oder einfach der Wasser-Klassiker schlechthin: das Thema von „Der weiße Hai“

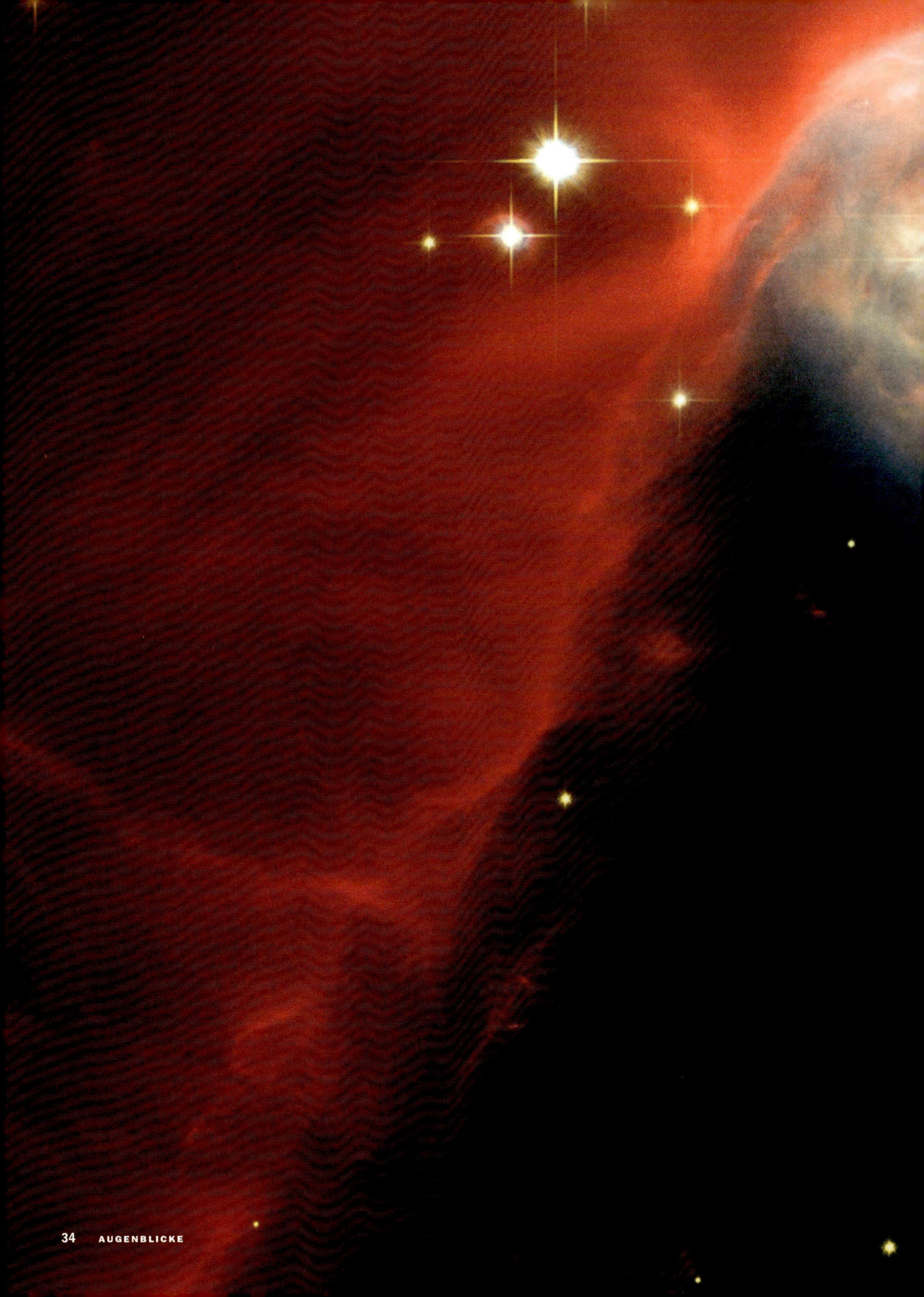

Gespenst aus Gas und Staub

Zuweilen versuchen sich Astrophysiker als Poeten: An ein Angst einflößendes Tier, dessen Kopf aus karmesinroter Tiefe des Alls auftaucht, erinnert sie dieses vom US-Weltraumteleskop „Hubble“ aufgenommene Bild. Es zeigt einen Nebel, der in dem 2500 Lichtjahre von der Erde entfernten Sternbild „Einhorn“ wabert und in den Himmelskatalogen buchhalterisch als NGC 2264 vermerkt ist

Heimatlos und ausgebrannt

Der Kutter – provisorische Unterkunft von mehr als 100 Chinesen, die ohne Papiere für taiwanesische Fischereibetriebe arbeiten – steht bereits in Flammen, als Rettung aus der Luft kommt. Das Schiff war nach einem Brand im Maschinenraum in südtaiwanesischen Küstengewässern in Seenot geraten. Ein tropischer Sturm peitschte die Wellen hoch und erschwerte die Rettungsversuche. Schließlich gelang die Bergung der Besatzung mit Hubschraubern und kleinen Beibooten

Jede Flasche zählt

Ein Chinese schiebt in der Juli-Hitze sein voll beladenes Fahrrad durch die Straßen von Shanghai. Auf dem Anhänger hat er gesammelte Plastikflaschen gestapelt, die er für 0,08 Yuan (etwa 1 Cent) pro Kilogramm an den nächsten Recyclinghof verkaufen will

Einmal mit Elvis ins Heu

Im 25. Todesjahr von Elvis Presley zauberte Roger Baker, Künstler aus Ellenville im US-Bundesstaat New York, dieses gigantische Porträt in die Landschaft bei einem Segelflugplatz: grün eingefärbte Heuballen, von der Sonne getrocknete braune Heuballen – fertig war das Bild des Rock-'n'-Roll-Helden aus Memphis. Nur die Haartolle geriet ihm ein wenig zu flach

ERTIB PELAYA
ETA API DENGAN T

Bitte nicht mehr einsteigen

Ein Mann macht sich steif wie ein Brett, und ein paar blau behütete Bahnangestellte schieben ihn noch schnell in einen der überfüllten Züge. Am 3. Dezember herrscht auf dem Bahnhof „Senen“ in der indonesischen Hauptstadt Jakarta Gedränge. Hier wie fast überall im größten muslimischen Staat der Erde sind Abertausende unterwegs, um das „Eid al Fitr“, das Ende des heiligen Fastenmonats Ramadan, in ihren Heimatorten zu feiern. Und wie werden die Fahrkarten kontrolliert?

Ein Maybach für Manhattan

Mondän und auch ein wenig dekadent war das Projekt denn doch. Das Luxusauto Maybach – 6,165 Meter in der langen Version – sollte in adäquater Umgebung der Welt präsentiert werden. Klar, dass dafür nur die Wall Street infrage kam, die Hauptstraße des Geldes in New York. Und wie kommt solch ein „Highend-Automobil“, wie Daimler-Chrysler es nennt, dorthin? Auch klar: auf dem Deck des Luxusliners „Queen Elizabeth 2“. Hier wird der Edellulatsch in seiner gläsernen Box gerade an Bord gehoben. Die Fahrt von Southampton nach New York dauert sechs Tage. Dort kommt der Dampfer am 2. Juli 2002 an. Und weil es sich für die Medien als Spektakel gut machte, geht die Reise des Maybach in die Innenstadt erst mal per Hubschrauber weiter. Bis der rollende Palast dann schließlich die Wall Street befahren darf

Total unter Kontrolle

Dieser Mann wurde bei der Operation „Alamo Sweep“ im Südosten Afghanistans von Soldaten der 82. Airborne Division gefangen genommen. Mit routinemäßig verbundenen Augen und gefesselten Händen bringt man ihn zum Verhör in ein zentrales Gefängnis. So ergeht es allen Verdächtigen, die von der US-Armee in Afghanistan festgenommen worden sind

Ein Land sieht rot

„Daehan Minguk" – Republik Korea erschallt der Schlachtruf der südkoreanischen Fußballfans am 25. Juni über den mit abertausend Begeisterten gefüllten Rathausplatz von Seoul. Das Land ist im Soccer-Rausch. Als erstes asiatisches Team überhaupt hat es die Mannschaft bis ins Halbfinale einer WM geschafft – doch hier ist Schluss für die „Roten Teufel". Gegen Deutschland verlieren sie mit 0:1

Symbolischer Blutzoll für Hussein

Ein Wahlkreuz war ihm nicht genug: Mit seinem Blut bekräftigte ein Iraker in Bagdad sein Votum für Saddam Hussein bei dem Referendum am 15. Oktober. Nach Aufrufen der Regierung stimmten angeblich 100 Prozent der Wähler für ihren Präsidenten und weitere sieben Jahre seiner Herrschaft, auch um den USA zu zeigen, dass sie geschlossen hinter ihrem Führer stehen. Hinter wem auch sonst – Hussein war der einzige Kandidat, der zur Wahl stand

Wipfel-Stürmer

In Kalifornien stehen solche in Jahrhunderten emporgewachsene Sequoia-Riesen. Und mit Vorliebe leben in Kalifornien auch Menschen, die stets nach einem neuen Kick suchen. Also hinaufklettern auf diesen Mammutbaum-Stamm in der Nähe von Boonville am Navarro-Fluss im Norden des US-Staates – ein Seilschaft-Abenteuer vergleichbar dem an überhängenden Felswänden in den Alpen

Wo viel Essen Glück bringt

Am Dienstag, dem 12. Februar, begann nach dem Chinesischen Kalender das neue Jahr. Zur Feier wurde in Kuala Lumpur eine riesige Salatplatte von drei Meter Durchmesser mit der chinesischen Spezialität Yee Sang zubereitet. Die Fressalie wog 490 Kilo und bestand aus rohem Fisch, Gemüse, Kräutern, Gewürzen und Öl. Yee Sang soll dem Esser langes Leben, Reichtum und Glück bescheren

Jedem Amerikaner seine eigene Waffe

Charlton Heston, betagter „Ben Hur“-Heroe und Präsident der National Rifle Association (NRA), ist Amerikas prominentester Waffennarr. Auf einer Veranstaltung in New Hampshire und in zahlreichen anderen US-Bundesstaaten setzte er sich – eine historische Muskete schwenkend – dafür ein, dass der zweite Zusatz zur US-Verfassung bewahrt bleibt: „Da eine wohlgeordnete Miliz für die Sicherheit eines freien Staates notwendig ist, darf das Recht des Volkes, Waffen zu besitzen und zu tragen, nicht beeinträchtigt werden.“ Bei den Kongresswahlen im November gewannen die von der NRA unterstützten Republikaner

Riese mit Muschelbart

Er gilt als dick und plump – von wegen. Als dieser Buckelwal schalentier-verkrustet urplötzlich aus der Flut vor Alaskas Küste auftauchte, flatterten die Möwen hektisch auf. Fotograf Duncan Murrell, im kleinen Kajak auf der Lauer, drückte auf den Auslöser und schoss das „Tierbild des Jahres“ – ausgezeichnet unter 18 500 Fotos

Unter die Räder gekommen

Während der Tour de France kommt es auf der Etappe von Soissons nach Rouen zu einer spektakulären Massenkarambolage. Unter den Gestürzten ist auch der Belgier Rik Verbrugghe (u. l.), der am Anfang der Tour noch vorn mitfuhr, nach diesem Unfall aber aufgibt, weil er sich sein Schlüsselbein gebrochen hat. Sieger des wichtigsten Radrennens der Welt wird der Amerikaner Lance Armstrong – zum vierten Mal in Folge

197
111
13
18
JEAN DELATOUR
208
COLNAGO

Auf Augenhöhe mit den Granitköpfen

Mount Rushmore im US-Bundesstaat South Dakota ist das Traumziel aller Präsidenten. Die in den Fels gemeißelten Köpfe verheißen unsterblichen Ruhm: George Washington, Thomas Jefferson, Theodore Roosevelt und Abraham Lincoln haben ihn erreicht. George W. Bush kann sich nur durch einen fotooptischen Trick, von den Imagemachern des Weißen Hauses perfekt arrangiert, mit den Großen der Geschichte in eine Reihe stellen. Bis zum 11. September galt er nichts, der Präsident per Gerichtsbeschluss, ohne Wähler-Mehrheit. Sein sturer Anti-Terror-Krieg aber bescherte Bush II. Popularität – und seinen Republikanern bei der Kongresswahl 2002 einen satten Sieg. Nun hat er sein Mandat: grünes Licht für den Krieg gegen den Irak. Ob das für Mount Rushmore reicht?

Insel im Reich des Todes

Zähschwarze Lava des 3470 Meter hohen Vulkans Nyiragongo hatte zu Beginn des Jahres 2002 die Stadt Goma am Kiwusee in Zaire „überflutet“. Eine halbe Million Menschen mussten vor der heißen Lawine fliehen, ihre Hütten brannten wie Zunder. An diesem Gehöft auf einem Hügel floss die tödliche Schmelze jedoch vorbei

stop the
WAR
on women

Protest der blutigen Grazien

Drei blutverschmierte Australierinnen wälzen sich auf einer amerikanische Flagge vor dem US-Konsulat in Sydney – aus Protest gegen die Politik der Welthandelsorganisation WTO, die dort im November tagte. Die drei wurden wenig später verhaftet und mussten sich mangels anderer Bekleidung in die Fahne gehüllt abführen lassen. Über 1000 Menschen protestierten mit ihnen in den Straßen Sydneys gegen die Methoden der Organisation

Ende einer Ferienreise

Kränze, niederlegt von Angehörigen der Opfer, schmücken das Wrack der am 1. Juli bei dem süddeutschen Ort Owingen abgestürzten russischen Verkehrsmaschine. Sie war mit einem Frachtflugzeug nördlich des Bodensees kollidiert. Unter den 71 Toten befanden sich 45 Kinder von Politikern und Beamten der russischen Republik Baschkirien, die mit ihren Begleitern auf dem Weg in den Urlaub an der spanischen Costa Dorada waren

Ihren Vater werden sie nie kennen

Zwei Tage nach den Anschlägen vom 11. September kam das erste von ihnen zur Welt – am 31. Januar dieses Jahres das letzte. Eines haben diese Babys alle gemeinsam: Sie verloren ihre Väter in den Trümmern des New Yorker World Trade Center. Ihre Mütter müssen sie nun alleine großziehen – und ihnen später einmal erklären, warum Daddy niemals heimkommen wird

Ein Lulatsch macht sich lang

Sie sind da, um aus Wind Strom zu machen – doch Sturmtief „Jeannett" war zu viel für diese 70 Meter hohe Windturbine bei Vechta in Niedersachsen. Mit bis zu 180 km/h rast Ende Oktober der schwerste Herbststurm seit einem Jahrzehnt über Europa hinweg. Die Böen reißen Bäume, Strommasten, Straßenlaternen und ganze Kirchtürme um, vielerorts herrscht akute Lebensgefahr. Allein in Deutschland fordert der Orkan zehn Tote und 50 Verletzte

Blütenweißes Kampfsignal

Mit einer aus weiß uniformierten Matrosen zusammengestellten Buchstabenreihe – Antwort auf Präsident George W. Bushs Botschaft „Be ready“ – signalisierte die Besatzung des US-Flugzeugträgers „Abraham Lincoln“, dass sie mit ihren Jets vom Typ F-14 und F-18 jederzeit losschlagen kann. Die martialische Demonstration auf dem Schiff, das zur Unterstützung der Operation „Enduring Freedom“ eingesetzt wurde, fand am 11. September 2002 statt, dem Jahrestag des Terroranschlags auf World Trade Center und Pentagon

72
ADY NOW

Von Horst Güntheroth

Mitten im Hochsommer braut sich plötzlich über dem südlichen Europa eine Reihe ungewöhnlicher Tiefdruckgebiete zusammen. Sie saugen sich über dem warmen Mittelmeer so voll Wasserdampf, dass ihre Regenwolken zu dunklen Riesen schwellen. Dann zieht die feuchte Fracht nordostwärts – dort schüttet es. Woche für Woche. Bald ist überall das Erdreich durchnässt und kann keinen Tropfen mehr aufnehmen. Anfang August treten in Ober- und Niederösterreich Flüsse über die Ufer. Auch aus Südfrankreich, von den Mittelmeerinseln Mallorca, Ibiza und Korsika, sowie aus Rumänien,

„Ilse" bringt die Katastrophe

der Urkraine und von der russischen Schwarzmeerküste werden Überschwemmungen und Erdrutsche gemeldet – und sogar Tote. „Ilse", das fünfte dieser üblen Tiefs, das am 12. August die Alpen überquert, bringt Deutschland die Katastrophe. In Bayern fallen Rekordregenmengen, die Flüsse können sie nicht mehr fassen. Die Donau läuft über und setzt Passau und Regensburg unter Wasser. Im Erz- und Elbsandsteingebirge sowie in weiten Teilen Böhmens gießt es tagelang wie aus Kübeln. Nach 72 Stunden Dauerschüttens werden in Zinnwald nahe der tschechischen Grenze 406 Liter Regenwasser pro Quadratmeter gemessen; niemals zuvor haben Meteorologen dort solche Werte registriert. In Altenberg gehen 304 und in Dippoldswalde 241 Liter auf einem Quadratmeter nieder. Die Bäche wachsen zu Strömen und lassen Täler innerhalb von Stunden absaufen. Besonders schlimm trifft es das Müglitz- und das Muldetal. Die Wassermassen reißen alles ein, was im Weg ist, zerfetzen Schuppen und Garagen, Lagerhallen und Handwerksbetriebe, Wohnhäuser und Brücken. Menschen flüchten auf die Dächer ihrer Ruinen und hocken in den Baumwipfeln. Was die Flut verschont, machen Walzen aus Geröll und Schlamm nieder. Vielerorts wird der Asphalt der Straßen zu meterhohen Ziehharmonikas aufgeworfen; Bahndämme werden untergraben, die Gleise ragen bizarr in die Luft. Aus Tschechien, dem Erz- und dem Elbsandsteingebirge strömen die gigantischen Wassermengen in die Elbe. Dort steigt der Pegel des Stroms unaufhörlich, zeitweise um 30 Zentimeter pro Stunde. Bald verlässt der Fluss sein Bett und verwüstet die Ufer.
Nun laufen auch hier Keller und Häuser voll, werden Gebäude vom Druck der braunen Brühe zerfetzt und zermalmt. Autos und Container, Möbel und Unrat schwimmen wie Spielzeug durch die Straßen.
Bald melden große Teile Sachsens und Sachsen-Anhalts Land unter, ganze Regionen sind tagelang von der Außenwelt abgeschnitten. Nicht nur Tausende Einheimische verlieren über Nacht ihr Hab und Gut, auch

Tausende von Arbeitsplätzen werden mit einem Schlag vernichtet. Nur wenige Stunden braucht das Wasser, um in Hunderten von Orten zwölf Jahre Aufbau Ost wegzuspülen. Eine solche Naturkatastrophe hat hierzulande keiner für möglich gehalten.

Bis zur Erschöpfung sind die Männer und Frauen von Feuerwehren, Polizei, Technischem Hilfswerk und Bundeswehr, die aus dem ganzen Bundesgebiet in den Osten kommen, im Einsatz. Immer wieder holen Boote und Hubschrauber Menschen aus Wohnungen und von den Dächern. Manche weigern sich, ihr Zuhause aufzugeben, vor allem Alte und Gebrechliche kommen nur zögerlich aus ihren einsturzgefährdeten Wohnungen.

SOS melden auch zahlreiche Bauernhöfe, dort saufen die Feldfrüchte ab, ertrinkt das Vieh. Kühe schreien in Todesangst. Klärwerke gehen unter, Gullydeckel werden hochgedrückt. Strom- und Wasserversorgung brechen zusammen. Ganze Krankenhäuser müssen geschlossen, die Patienten ausgelagert werden. Hubschrauber sowie eine Transall und ein Lazarett-Airbus der Bundeswehr fliegen die Schwerkranken aus dem Überflutungsgebiet und bringen sie in Kliniken im trockenen Teil der Republik. In manchen Dörfern versuchen Menschen, deren Besitz bislang vom Wasser verschont geblieben ist, der Naturgewalt zu trotzen, Türen und Fenster abzudichten, Wälle aus Sandsäcken aufzuschichten.

Ein Heer von Helfern füllt entlang der Elbe von morgens bis abends die Beutel. Eine Sisyphusarbeit: 350 Säcke braucht man, um 100 Meter Deich gerade mal zehn Zentimeter zu erhöhen. Doch die Dämme, inzwischen weich geworden wie Wackelpudding, brechen an vielen Stellen. Insgesamt sind 30 000 Soldaten beim größten Katastropheneinsatz in der Geschichte der Bundeswehr im Einsatz. Und zu Hunderten ziehen Bürger mit Schaufeln ins Notstandsgebiet, um mit anzupacken und auch ein bisschen zu gaffen. Tag für Tag beherrscht die Flut die Schlagzeilen der Zeitungen und die Programme der Fernsehsender, kein TV-Abend vergeht ohne Sonderbeiträge, kein Beitrag ohne Reporter mit Gummistiefeln in der schwappenden Brühe.

Das Wasser droht Gift-Deponien auszuschwemmen

Zu allem Übel droht ein Öko-Gau. In Tschechien steht die marode Chemiefabrik Spolana unter Wasser. Es besteht die Gefahr, dass massenhaft Gifte wie Quecksilber und Dioxin ausgeschwemmt werden. Auch in Bitterfeld sieht es schlimm aus; dort plätschert das Hochwasser kurz vor den Altlasten des ehemaligen DDR-Chemieparks. Doch beide Regionen haben Glück im Unglück: Die Analysen der um die toxischen Inseln gurgelnden Elbe zeigen keine eindeutig überhöhten Werte.

Hart trifft die Flut vor allem die Metropole Dresden. Das Wasser schwappt durch Hauptbahnhof und Altstadt, Wohnhäuser und Kneipen laufen voll. Schloss Pillnitz, die Hofkirche, der aufwendig renovierte Zwinger und die

Semper-Oper stehen meterhoch in der stinkenden Plörre. Im unterirdischen Depot der Galerie Alte Meister drohen 4000 historische Gemälde aus dem 15. bis 18. Jahrhundert abzusaufen – Werke von Rubens und Cranach, Veronese und Tintoretto. In letzter Minute gelingt es Mitarbeitern und 200 Helfern bei Kerzenlicht und mit nassen Hosenbeinen, die wertvolle Kunst in den ersten Stock zu retten. Dann bemächtigt sich das Wasser der Katakomben.

4000 Gemälde werden in letzter Minute geborgen

Am Samstag, dem 17. August, erreicht der Pegel in der sächsischen Landeshauptstadt die Höhe von 9,40 Metern – ein Wert, mit dem die kühnsten Vorhersagen nicht gerechnet haben, gut ein halber Meter mehr als der bisherige Rekord des Hochwassers aus dem Jahre 1845. Dann endlich, langsam, aber sicher, fällt die Flutmarke. Erst Wochen später, nachdem auch weiter elbabwärts alles abgeflossen ist, wird das Ausmaß der Katastrophe deutlich: 274 Brücken, 740 Kilometer Straße, 400 Kilometer Gleise und mehr als 25 000 Häuser sind zerstört. In vielen Orten sieht es aus wie nach einem Krieg. Hinzu kommen gewaltige Schäden in der Landwirtschaft, Böden sind verschlammt, Ernten vernichtet. Auch Tote sind zu beklagen. Mindestens 21 Menschen sind ums Leben gekommen, darunter Helfer und Retter. Der wirtschaftliche Gesamtschaden beläuft sich auf knapp zehn Milliarden Euro, zeitweilig ist mit mehr als der doppelten Summe gerechnet worden. Die Regierung in Berlin – es ist Bundestagswahlkampf – verspricht Soforthilfe. Solch eine Summe kann das Kabinett unter Kanzler Gerhard Schröder nur durch das Aufschieben der geplanten Steuerreform und durch die Erhöhung der Körperschaftsteuer sowie mit Hilfe von Umschichtungen aus EU-Mitteln lockermachen. Hunderte von Millionen kommen auch aus Spenden zusammen; eine Welle der Hilfsbereitschaft wogt durch Deutschland.

Angesichts des Desasters beginnt die Diskussion um die Ursachen der Sintflut. So machen viele Wissenschaftler als Hauptübeltäter den Klimawandel verantwortlich, den der Planet als Folge des ungehemmten Kohlendioxid-Ausstoßes der Industrieländer erleidet.

Zwar seien die Tiefdruckgebiete, die die gewaltigen Regenmassen gebracht haben, grundsätzlich keine Unbekannten im Wettergeschehen. Doch bislang haben Meteorologen sie nur im Winter beobachtet, wo Wolken dann bei den viel kühleren Temperaturen auch deutlich weniger Feuchtigkeit sammeln können. Nun tanzen sie aus dem Jahresrhythmus. Diese Wetterverschiebungen aber, so die Klimaforscher, passten bestens ins Bild der sich umfangreich anbahnenden Veränderungen in der irdischen Lufthülle. Und mit Sicherheit, so warnen sie, ist das nur ein Vorgeschmack auf das, was in 50 Jahren an der Tagesordnung sein wird – wenn es nicht endlich der Staatengemeinschaft der Welt gelingt, die Kohlendioxidmengen drastisch zu redu-

zieren, die durch die Verbrennung von Öl, Gas und Kohle entstehen und durch die Schornsteine und Auspuffe in die Atmosphäre gepustet werden.
Zum Klimawandel kommt eine Vielzahl anderer Faktoren; ökologische Fehler, die sich nun gerächt haben. Beispielsweise versiegelten Städte und Landschaftsbauer durch Häuser und Straßen den Boden im Laufe von Jahrzehnten so großflächig, dass das Erdreich nicht mehr genug Wasser aufnehmen und speichern kann. Zudem zwängten zahlreiche Strombaumaßnahmen die Flüsse in enge Betten, das erhöhte die Fließgeschwindigkeiten enorm. Und Deiche an den Ufern nahmen den Gewässern wichtige Überflutungsgebiete. An der Elbe etwa sind heute mehr als 80 Prozent der Auen durch Dämme abgeschottet. So versprechen Politiker, Lehren aus der Flut zu ziehen, und versuchen, durch gesetzliche Maßnahmen die Gefahr einer zukünftigen Naturkatastrophe zu mindern. Im Herbst verkündet die Bundesregierung mit den Ländern ein Programm zur Verbesserung des vorbeugenden Hochwasserschutzes. Demnach soll den Flüssen nun mehr Raum gegeben werden; so wird geplant, Deiche zurückzuverlegen und Auen als natürliche Überschwemmungsgebiete zu erhalten. Und wo immer es möglich ist, wollen Wasserbauer Flussbegradigungen wieder aufheben. Zudem dürfen die Behörden in gefährdeten Regionen jetzt keine neuen Wohnhäuser und Gewerbegebiete mehr genehmigen. Ob das ausreicht, eine neue Hochwasserkatastrophe in Deutschland zu verhindern, wird sich zeigen.

Wolkenbrüche ohne Ende

Rabenschwarz wird der Himmel über Bayern: Vorbote des verheerenden Dauerregens im August. Solche Tiefdruckgebiete kannten die Meteorologen bislang nur im Winter. Offenbar hat sich das Wettergeschehen in unserer Atmosphäre durch den Klimawandel verschoben

Das Wasser wird wild

„In den nächsten Tagen regnet es zeitweise von einem stark bewölkten Himmel, verbreitet auch länger anhaltend und ergiebig.“ So die nüchterne Vorhersage des Deutschen Wetterdienstes am Sonntag, dem 11. August. Einen Tag später kündigt sich die Katastrophe mit unüberhörbarem Rauschen an. Wie im österreichischen Helfenberg, wo die Steinerne Mühl sonst „kaum ein Wasser“ führt, verwandeln sich allerorten harmlose Bäche in zerstörerische Ströme

Donauwellen in allen Straßen

Einen Meter hoch steht die Donau in den Straßen von Melk. Das Wasser trifft den Urlaubsort in der Wachau zum unglücklichsten Zeitpunkt – mitten in der Hochsaison, wenn Touristen sonst in Scharen zum berühmten Stift über der niederösterreichischen Stadt pilgern. Flussabwärts entgeht die Hauptstadt Wien einem ähnlichen Schicksal, ein Entlastungsflussbett wird geflutet. Flussaufwärts dagegen, im bayerischen Passau, erreicht die Donau mit 10,81 Metern einen verheerenden Höchststand

Sparkasse
RESTAURANT

MOHR
nann Ring 10
rimma
5 64 07 62
u-mohr.de
ktro Zschau
Elektro Zschau

Flucht aus dem ersten Stock

Binnen drei Stunden steigt am 13. August das Wasser der Mulde in Grimma um acht Meter – viereinhalb Zentimeter pro Minute. Viele Anwohner der sächsischen Kreisstadt retten sich vor der Flutwelle in die oberen Stockwerke ihrer Häuser. Mit schwerem Gerät versuchen Helfer, die Eingeschlossenen zu befreien. Und der Regen hört nicht auf: Im Erzgebirge, wo die Mulde entspringt, fallen an diesem Tag bis zu 312 Liter pro Quadratmeter

Rettung in höchster Not

In der Altstadt von Grimma haben die reißenden Fluten einen Mann mit sich gerissen. Er hat Glück, helfende Hände sind schnell zur Stelle. Das entfesselte Wasser ist weit gefährlicher, als viele ahnen, und so geraten überall in den Überschwemmungsgebieten immer wieder Menschen in Lebensgefahr. Für manche kommt jede Hilfe zu spät: 21 Todesopfer fordert die Katastrophe allein in Deutschland

Nur eine Mauer hielt stand

Fünf Stunden lang harren die Jäpels auf einer Mauer aus. Als die Flutwelle der Müglitz den Ort Weesenstein im Erzgebirge durchschießt, reißt es erst einen Teil ihres Hauses weg. Heiko Jäpel, 46, seine beiden Kinder und die 69-jährige Großmutter Sieglinde flüchten aufs Dach. Doch auch das stürzt zusammen. Bleibt nur noch die Mauer, 36 Zentimeter dick. Um sieben Uhr morgens kommt endlich ein Hubschrauber und bringt die vier in Sicherheit

Großeinsatz fürs Nashorn

In Prag überschwemmt die Moldau den Zoo. Pfleger und freiwillige Helfer bringen die Tiere in Sicherheit, kleine und sehr große wie dieses Nashorn. 1029 Tiere werden evakuiert. Mehr als 100 überleben die Aktion nicht – unter ihnen der Elefant Kadir, der mit einem Fangschuss vor dem qualvollen Tod durch Ertrinken bewahrt werden musste

Klasse Kaffee.
NESCAFÉ
CLASSIC
und eins führt zum anderen
Sächsische Zeitung
SIXT

Wie die Natur sich rächt

Die angeschwollenen Flüsse brechen aus ihren – meist von Menschen geschaffenen oder korrigierten – Betten aus und bahnen sich neue Wege. So strömt die Weißeritz geradewegs durch die Halle des Dresdener Hauptbahnhofs, hinein ins Zentrum der sächsischen Landeshauptstadt. Und bei Bitterfeld in Sachsen-Anhalt hält die Bundesstraße 100 nicht mal einen Tag lang der entfesselten Macht der Mulde stand

Sieger im Kampf gegen die Fluten

Einen Damm nach dem anderen durchbricht die Mulde, bis sie am 15. August vor Bitterfeld steht. Zwischen der Stadt und dem Fluss liegt nur noch die Goitzsche, ein halb voller künstlicher See. Anderthalb Tage wird die Mulde brauchen, dann ist er voll – und Bitterfeld wäre verloren. Einwohner, Soldaten und freiwillige Helfer stapeln ohne Pause Sandsäcke auf den alten Deich – bis zu drei Meter. Eine Höhe, die Statiker für unmöglich hielten. Am Ende bleibt Bitterfeld zum größten Teil verschont

Wie von Riesenhand geschleudert

Während am 17. August in Dresden die Flut ihren Höhepunkt gerade erst erreicht, ist im benachbarten Freital das Wasser bereits abgezogen – und gibt den Blick auf das ganze Ausmaß der Katastrophe frei. Straßenlaternen sind umgeknickt, Straßen aufgerissen. Autos wurden von den Fluten herumgeschleudert, als wären sie Kinderspielzeug. Jetzt beginnt für die Anwohner das große Aufräumen – und es wird Monate dauern

Von der Elbe eingeschlossen

Je weiter die Flutwelle in Richtung Elbmündung rollt, desto flacher wird sie. Die Bedrohung nimmt ab, vor allem nach Deichsprengungen in Brandenburg. Als sie am 21. August Hitzacker erreicht, ist sie allerdings noch mächtig genug, um die Altstadt der niedersächsischen Gemeinde unter Wasser zu setzen

Das Heer, dein Freund und Helfer

In Regensburg errichten Soldaten des 4. Instandsetzungsbataillons einen Sandsackdamm gegen die Donau. Die Bundeswehr befindet sich im Großeinsatz. In ganz Deutschland werden rund 30 000 Soldaten an die Wasserfront geschickt, dazu 40 Hubschrauber und acht Transportflugzeuge sowie mehrere Tornado-Jets zur Aufklärung. Unterstützung kommt auch aus Russland, das Amphibienfahrzeuge schickt

Entsetzt über Dreck und Verwüstung

In Glashütte hilft Annett Timmler beim Aufräumen in der Wohnung ihrer Schwester. Das Ausmaß der Verwüstungen wird den meisten Menschen erst bewusst, wenn das Wasser abgeflossen ist – am Streifen auf den Kacheln ist noch zu erkennen, wie hoch es in den Räumen stand. Übrig geblieben ist vielfach nur noch Schrott und Müll. Und die meisten Ostdeutschen haben keine Hausratversicherung, die für Wasserschäden aufkommt

Die Welle raubt Haus, Hab und Gut

Ganze Häuser hat die Flutwelle der normalerweise so harmlosen Weißeritz in Schmiedeberg durchgerissen. Und sie hat mitgenommen, was den Menschen lieb und teuer war. In den Dörfern des Erzgebirges wütete das Wasser mehr als irgendwo sonst. Vielerorts sind zwölf Jahre Aufbau Ost innerhalb von Stunden den Bach hinuntergegangen

Aus Elb-Florenz wird Elb-Venedig

Was malerisch aussieht, ist ein Desaster: Hofkirche, Zwinger, Semperoper – in Dresden laufen die barocken Baudenkmäler voll. Bis auf noch nie gemessene 9,40 Meter steigt der Pegel – 1,65 Meter sind normal. Tagelang steht die Brühe in den historischen Gebäuden, die Schäden gehen in die Millionen

Sack für Sack

In einer Kiesgrube bei Magdeburg füllen Helfer Tausende von Sandsäcken ab. An die 20 Millionen Beutel werden entlang der übergetretenen Flüsse ausgelegt. Aus ganz Europa kommen sie nach Deutschland, denn die heimischen Reserven reichen nicht aus. Und so werden Sandsäcke in diesen Tagen kostbares Gut. Einige Hersteller verlangen bis zu 70 Cent pro Stück – die Hälfte wäre ein angemessener Preis gewesen

Schlamm-schlacht an der Schule

Wie hier vor dem Gymnasium in Grimma hinterlässt das abgeflossene Wasser überall eine dicke Schicht Schlamm, an manchen Stellen meterhoch. Der feuchte Dreck muss so schnell wie möglich weggeschafft werden, da er sich sonst als steinharte Masse festsetzt. Und so schleppen und schaufeln Tag für Tag Hunderte von Bürgern unermüdlich – und für ein Lächeln bleibt auch noch Kraft

Alle fassen mit an

In der Magdeburger Bördelandhalle füllen Bürger Sandsack um Sandsack, während die Flutwelle auf die Stadt zurollt und dabei Deich nach Deich durchbricht. Das Wasser kommt viel schneller als erwartet. Als es schließlich da ist, bleibt der Landeshauptstadt von Sachsen-Anhalt die große Überschwemmung erspart – am 20. August erreichen die Pegel mit 6,70 Metern einen deutlich niedrigeren Höchststand als vorausgesagt

ODDSET

Zerissenes Zuhause

Wie eine Wunde klafft das aufgerissene Haus in Weesenstein. Mit Urgewalt riss die Müglitz es entzwei. Und nicht nur das Haus, den ganzen Ort hat der Fluss halbiert. Zehn Gebäude sind ins Tal gespült, Straßen und Brücken verschwunden. Vier Wochen ist das Dorf im Erzgebirge Katastrophengebiet, dann haben Einwohner, Soldaten und Helfer die ärgsten Schäden notdürftig behoben

Ein bisschen anlehnen und dann weiter schuften

Erschöpft bettet die 17-jährige Anne Marie Niese ihren Kopf auf das Knie ihres Freundes Rene Soika. Die Jugendlichen helfen bei den Aufräumarbeiten am Laubegaster Ufer in Dresden. Sie sind zwei von Zehntausenden Freiwilligen, die in den Überschwemmungsgebieten erst mit dem Wasser, dann mit seinen Folgen kämpfen

Sein größter Kampf

Mit dem Mut des Verzweifelten treibt der Kreinitzer Landwirt Heiko Brandes seine Kühe aus den überschwemmten Ställen. Die sumpfige Brühe aus Dung, Stroh und Flutwasser steht dem Vieh bis zum Hals, die Flucht nach draußen ist seine einzige Chance. Der beherzte Einsatz wird mit Erfolg belohnt, fast alle Tiere des größten Bio-Bauernhofs in Sachsen überleben

Zerfledderte Existenz

Fassungslos stehen die Mitarbeiter der Erich-Kästner-Buchhandlung in Döbeln in den aufgeweichten Resten ihres Bestandes. Was für die Ladeninhaber eine wirtschaftliche Katastrophe, ist anderenorts eine kulturelle – so fiel beim Hochwasser in Prag die Hauptbibliothek der Flut zum Opfer: Dort wurden die wertvollsten Bücher vorläufig schockgefroren, viele aber sind unwiederbringlich zerstört

Gleis in den Abgrund

Bei Tharandt hat das Wasser die ICE-Trasse der Sachsen-Magistrale unterspült. Rund um Dresden geht auf Schienen nichts mehr, auch der Fernverkehr von Prag und Wien nach Berlin ist gestört. Schätzungsweise ein Fünftel des sächsischen Eisenbahnnetzes ist beschädigt. Die Deutsche Bahn setzt als Ersatz für die ausfallenden Züge Überlandbusse ein

Damit die Kunst keine nassen Füße kriegt

Pumpen und Wasser fegen wie hier im Keller des Dresdener Albertinums nützen angesichts der nassen Massen nicht viel. Insgesamt 11 000 Skulpturen und mehr als 4500 Gemälde aus verschiedenen Museen müssen in Sicherheit gebracht werden – mit bloßen Händen, ohne Licht und Aufzüge, denn der Strom ist ausgefallen. Bis sie vor Kreuzschmerzen nicht mehr können, tragen die Helferscharen Bilder und Büsten ins Trockene, drei Tage und drei Nächte lang

Jetzt gilt nur noch eins: Aufräumen

Nach den Fluten kommen die Müllberge. Ganze Wohnungseinrichtungen sind zerstört, die Existenz vieler Menschen liegt in Trümmern. Manche der Älteren fühlen sich an den Krieg erinnert. Doch die Bürger der zerstörten Städte – wie hier in Pirna – lassen sich nicht unterkriegen und machen sich beherzt daran, die Schäden zu beheben, getragen auch von einer Welle der Hilfsbereitschaft aus ganz Deutschland

Das wüste Land danach

Eine Woche, nachdem die Elbe in Dresden den höchsten Stand aller Zeiten erreicht hat, fließt der Strom wieder ruhig in seinem Bett. Zurückgelassen hat das Hochwasser in der sächsischen Hauptstadt, wie in allen anderen überschwemmten Orten, Schäden gewaltigen Ausmaßes – und bei der Hofkirche und der Brühlschen Terrasse eine gewaltige Kruste getrockneten Schlamms

Von Tilman Gerwien

Hundejahre, vertane Jahre

Es ist ja nicht so, dass politisch nichts los gewesen wäre im Jahr 2002. Nein, es war durchaus was los. Bundestagswahl und Kandidatenduell, Edmund Stoiber sagte ein paarmal zu oft „Äh", Gerhard Schröder nein zum Krieg. Rudolf Scharping musste zurücktreten, Guido Westerwelle seine 18-Prozent-Schuhe wieder ausziehen. Man stritt um Pisa-Studie und Hartz-Konzept – und alle zusammen kämpften gegen die Flut.

Aber war wirklich was los? Bewegte sich was, veränderte sich was? Die Inventur des Landes fällt ernüchternd aus. Die Arbeitslosigkeit verfestigt sich auf einem Vier-Millionen-Sockel, Renten- und Gesundheitssystem stehen kurz vor dem Kollaps, das Steuersystem versteht nach wie vor kein Mensch, die öffentlichen Kassen sind leer, Schulen und Unis in einem bejammernswerten Zustand. Deutschland steht wie schockgefroren da – ein Koloss, mit fast schon imponierender Resistenz gegen jeden Reformversuch, bedroht von akuten Lähmungserscheinungen. Traurig, aber wahr: Wer als Leitartikler die vergangenen zehn Jahre in Neufundland zugebracht hätte, könnte heute nach seiner Rückkehr sofort wieder losschreiben. Es ist alles so wie früher. Sogar die Gewerkschaftsdame Ursula Engelen-Kefer ist immer noch da und warnt vor „Sozialabbau". Und eine halbe Stunde später mahnen die Herren von den Unternehmerverbänden „durchgreifende Reformen" an, die vor den eigenen Subventionen selbstverständlich Halt machen sollen.

Gut, es war ein Wahljahr. Nur Deppen, so die herrschende Lehre, sagen dem Volk die Wahrheit, nur politische Selbstmörder quälen es mit ungemütlichen Reformkonzepten. „Jeder musste wissen, dass wir so kurz vor einer Bundestagswahl keine große Reform des Gesundheitswesens mehr wagen", sagte die Sozialministerin Ulla Schmidt mit entwaffnender Offenheit am Jahresende. Warum eigentlich nicht? Irgendwie ist hierzulande immer irgendwo Wahl. Soll man deswegen die Arbeit einstellen?

Armes Deutschland! Langweiliges Land! Gab es wenigstens ein, zwei wirkliche Debatten, die den Namen verdienen? Etwa über die Frage, wie Arbeitsgesellschaft und Sozialsysteme auf die immer wieder gern verdrängte Tatsache einzustellen sind, dass wir ein alterndes, schrumpfendes Volk sind? Was ist mit den jedes finanzierbare Maß sprengenden Pensionslasten im öffentlichen Dienst, wie sieht die Zukunft der Wehrpflicht aus? Nichts davon! Was Schröder und Stoiber, die beiden Häuptlinge im Kampf um die Macht, dieses Jahr ablieferten, grenzte schon fast an Politikverweigerung. Unterdessen fressen sich Wirtschaft und Gesellschaft in eine handfeste Depression hinein. Später wird man sagen: Solche Jahre wie 2002 waren Hundejahre. Vertane Jahre.

Dabei hatte es ja nicht unspannend angefangen. Frühstück in Wolfratshausen, Angela Merkel bietet Edmund Stoiber die Kanzlerkandidatur an. Also Schröder gegen Stoiber, klare Kante: moderner Sozialdemokrat gegen eckigen Konservativen, großer Kommunikator gegen fleißigen Aktenmenschen, „neue Mitte" gegen alte Werte. Doch die klare Alternative verflüchtigte sich schnell in den Nebelbomben, die von den Inszenierern und Imageberatern beider Seiten unablässig in die Arena geworfen wurden. Schröder fiel ins Umfrageloch und stammelte nur noch ein armseliges „Ich oder er" hervor – welch eine Wahlbotschaft! Stoiber ließ sich bis zur Unkenntlichkeit als Mann der Mitte modellieren – fehlerfrei und harmlos, langweilig und fast schon verwechselbar. In den „TV-Duellen" der Kandidaten kam dieser Nicht-Wahlkampf zur ästhetischen Vollendung: Schröder und Stoiber zur Maske erstarrt vor einer Kulisse aus blauem Nichts, eingekeilt in ein rigides Schema von Fragekatalogen und „Zeitkonten" – das hatte beinahe schon die Qualität einer modernen Kunstinstallation. 15 Millionen Zuschauer waren Zeuge, wie die Politik im Inszenierungs- und Kontrollwahn ihre Selbstabschaffung organisierte.

Nur da, wo die latente Krise nicht mehr zu leugnen war, weil sie sich zum handfesten Skandal auswuchs, wie bei den gefälschten Vermittlungszahlen der Bundesanstalt für Arbeit, nur da raffte sich Gerhard Schröder noch mal dazu auf, so etwas wie Regierungsverantwortung wahrzunehmen. Seine Hartz-Kommission, ursprünglich gegründet, um mit Filz und Schlendrian in der Nürnberger Mammutbehörde aufzuräumen, ließ der Kanzler umdeuten zum Universalgremium, das den Weg der Erleuchtung weisen sollte aus allen Arbeitsmarkt- und sonstigen Übeln dieses Landes.

Schröder und Stoiber vor einer Kulisse aus blauem Nichts

Die Übergabe der Kommissionsvorschläge im Französischen Dom zu Berlin geriet zum staatsreligiösen Akt, gipfelnd in peinlichen Appellen an die „Profis der Nation", mitzutun beim großen nationalen Aufbauwerk. Von da an hatte es wenig Sinn, mit Politikern von Rot-Grün über Politik reden zu wollen. Sie sagten ohnehin alle immer nur: „Wir werden Hartz eins zu eins umsetzen." So viel pompös angefüllte Leere war nie.

Stoiber hatte immerhin ein Programm, tauchte es aber ins Diffuse, nur um ja nicht anzuecken. In großkoalitionärer Eintracht lief über Monate das Manöver „Täuschung 2002": Dass die Deutschen künftig länger arbeiten müssen, und auch dann nur mit einer Minimalrente zu rechnen haben, dass sie für ihre Gesundheit bei aller notwendigen „Kostendämpfung" künftig mehr und nicht weniger auszugeben haben, dass es vielleicht nie wieder Vollbeschäftigung geben wird, die EU-Osterweiterung teuer und eine moderne

Bundeswehr kostspielig sein wird – darüber wurde wortreich geschwiegen. Das mühsam zusammengehaltene Gebäude der Lügen und Halbwahrheiten zerbrach schon Tage nach der Wahl, als die Minister der wiedergewählten rot-grünen Koalition plötzlich, ach so plötzlich, Milliardenlöcher in Staatshaushalt und Sozialkassen entdeckten. Seitdem vergiftet das Wort vom „Wahlbetrug" die Atmosphäre.

Über Monate lief das großkoalitionäre Manöver: „Täuschung 02"

Man kann den Akteuren einen Vorwurf nicht ersparen, der so altmodisch klingt und doch so treffend ist: Sie sind in diesem Jahr ihren Amtspflichten nicht nachgekommen. Sie haben sich um das Gemeinwesen nicht verdient gemacht. Stattdessen: Inszenierung als Politik-Ersatz, immer und immer wieder. Schröder empfahl sich den Deutschen als Mann, der „das Leben mag" – als ob das was zur Sache täte. Und im Wahlkampf nervte Stoiber nicht weniger mit der Vorstellung immer neuer Kandidaten für sein „Kompetenzteam", von denen man später meist nichts mehr hörte. Guido Westerwelle blieb es vorbehalten, den Inszenierungswahn auf die Spitze zu treiben, bis alles krachend in sich zusammenfiel. Wochenlang turnte der FDP-Chef als Gute-Laune-Yuppie mit seinem quietschgelben „Guidomobil" durch die Republik. Der Mann merkte einfach nichts: Nicht, dass bei den arbeitslos gewordenen FDP-Jüngern der New Economy schon längst die Sehnsucht nach dem Sozialstaat ausgebrochen war, und auch nicht, dass es sehr schnell streng riecht, wenn man wie Jürgen W. Möllemann alle Politikverdrossenen unter dem Etikett „18 Prozent" versammeln will. Westerwelle endete als tragikomische Figur bei 7,4 Prozent.

Bezeichnenderweise waren es zwei Angstthemen, geboren aus dem Hier und Jetzt, die sich am Ende über alles legten und die Wahl knapp für Rot-Grün entschieden: die Flut und der mögliche Krieg mit dem Irak. Schröder, seinem Schicksal als Wahlverlierer schon fast ergeben, weckte noch einmal die alten Instinkte in sich: Als Regierungschef in Gummistiefeln produzierte er im Hochwasser die Bilder, aus denen Wahlerfolge gemacht werden – Stoiber dagegen war im Kurzurlaub auf Juist verloren gegangen.

Die Kriegsangst nutzten Kanzler und Vizekanzler dann für sich in solch skrupellos-genialer Weise, dass es einem noch heute den Atem verschlägt. Wir wollen keinen Krieg, egal, was die Vereinten Nationen (die früher doch immer so wichtig waren) beschließen, egal, was die europäischen Verbündeten dazu sagen, egal, welche Waffen in Saddam Husseins Arsenalen noch gefunden werden – das war die Botschaft der letzten Wahlkampfwochen, beim SPD-Personal der zweiten Reihe auch noch durchsetzt mit unverhohlenen antiamerikanischen Ressentiments. Einmal noch, vielleicht zum letzten Mal, hat er in diesem Jahr funktioniert – der Appell an die altdeutsche Sehnsucht, sich aus all den Widrigkeiten und Kompromissnotwendigkeiten der realen politischen Welt herauszuhalten und in moralisch überhöhte Isolation zurückzuziehen. Aber der Preis ist immens, Deutschlands Einfluss rapide geschrumpft. Im Weißen Haus, bei den Vereinten Nationen, in Europas Hauptstädten – überall dort also, wo praktische Friedenspolitik möglich wäre, haben deutsche Politiker vorerst nicht mehr viel zu melden.

Nicht nur das neopazifistische Manöver des Kanzlers verleiht dem politischen Jahr 2002 bei allem modernistischen Inszenierungseifer etwas seltsam Museales, Überständiges.

Im neuen Kabinett sitzen mit Otto Schily, Wolfgang Clement, Hans Eichel oder Renate Schmidt Politiker, mit denen der Zeitungsleser schon seit Jahrzehnten das Leben teilt. Und als hätte es all das Gerede um einen „dritten Weg", um „neue Mitte" oder „Bürgergesellschaft" nie gegeben, forderten Sozialdemokraten nach dem Wahlsieg allen Ernstes die „Lufthoheit über den Kinderbetten", oder sie appellierten an die Bürger: „Weniger konsumieren und das Geld lieber dem Staat geben." Armes Deutschland! Land der Denkstarre, Land der Fantasielosen!

Immerhin: „Hartz" soll nun doch den Arbeitsmarkt in Bewegung bringen. Eine „Rürup"-Kommission soll sogar grundlegende Reformen für die kollabierenden Sozialversicherungen ausarbeiten. Aber keine Sorge, man wird sich auch künftig zurechtfinden in Deutschland: Ursula Engelen-Kefer hat sich in der „Rürup"-Kommission schon Sitz und Stimme gesichert.

Kein Handbuch fürs Regieren

Gerhard Schröder und Joschka Fischer präsentieren den rot-grünen Koalitionsvertrag. Als Leitfaden für Reformen taugt das 88 Seiten starke Werk nur bedingt. Der Kanzler und sein Vize hatten vor allem damit zu tun, die vor der Wahl hartnäckig verschwiegenen Löcher in Staatshaushalt und Sozialkassen zu füllen. Daher enthält der Vertrag neben viel Unverbindlichem vor allem kräftige Steuer- und Abgabenerhöhungen

Und, wie war ich, Doris?

Berlin, Willy-Brandt-Haus, sechster Stock. Gerhard Schröder schaut sich am Abend der Bundestagswahl mit Ehefrau Doris seinen eigenen Auftritt im Fernsehen an. Es ist 22.43 Uhr, und er weiß zu diesem Zeitpunkt noch nicht sicher, ob es fürs Weiterregieren reicht. Immer wieder neue Hochrechnungen, zwischendurch liegt Kontrahent Edmund Stoiber knapp vorn. Erst in den frühen Morgenstunden ist der Krimi zu Ende – und Gerhard Schröder von seinem schlimmsten Albtraum befreit: nach Kurt Georg Kiesinger als zweiter Kanzler in die Geschichte einzugehen, der nach nur einer Amtsperiode von den Wählern wieder nach Hause geschickt wird

Gerd und sein blondes Glück

Der schönste Teil des Zittersieges: Als die Hochrechnungen am Wahlabend zum ersten Mal zeigen, dass es klappen kann, drückt Gerhard Schröder ganz fest seine Doris. Die gelernte Journalistin interpretiert ihre Rolle als Kanzlergattin so offensiv und selbstbewusst wie keine ihrer Vorgängerinnen. Ob es um Gewalt in Schulen oder gesunde Ernährung geht – Doris bezieht Stellung. Im Wahljahr mussten Leitartikler, Karikaturisten und Parodisten mit heftigster Gegenwehr rechnen, wenn die kleine, zierliche Frau das Gefühl hatte, im Umgang mit Ehemann Gerd seien die Grenzen des guten Geschmacks überschritten

Fehlstart nach dem Zittersieg

Nur sechs Wochen nach seinem Wahlsieg steht ein abgekämpfter Gerhard Schröder im Kanzleramt vor den Fotografen. Der Mann ist dünnhäutig geworden, leicht reizbar, er wirkt erschöpft und leer. Der Start von Rot-Grün ist gründlich danebengegangen: Höhere Steuern und Abgaben empören die Bürger, die vom Kanzler einstmals so gehätschelte neue Mitte wendet sich mit Grausen ab. Das Verhältnis zur Wirtschaft ist zerrüttet, aus Brüssel droht ein blauer Brief. Das kategorische „Nein“ zum Irak-Krieg rächt sich, Deutschland ist international weitgehend isoliert und versucht mit peinlichen Verrenkungen, das gestörte Verhältnis zu Amerika wieder zu reparieren. Die Opposition hält dem Kanzler in einem eigens eingerichteten Untersuchungsausschuss „Wahlbetrug“ vor. Rücktrittsgerüchte machen dann im Dezember die Runde, Endzeitstimmung breitet sich aus. In Berlin kursieren Szenarien für eine große Koalition. Ist der Mann nach den monatelangen Wahlkampfstrapazen einfach nur müde? Oder ist das Prinzip Schröder an sein Ende gekommen? In dieser allgemeinen Stimmung des Missvergnügens zieht jene einstmals so bezwingende Mischung aus zupackender Machtpolitik und Lausbubencharme nicht mehr, mit der sich der Mann aus Hannover den Deutschen als lässiger Modernisierungskanzler empfahl. Schröder, so sieht es Ende 2002 aus, muss jetzt ein großer Kanzler werden – oder er scheitert

Joschka Superman

Es war ein besonderes Jahr für Joschka Fischer: Kaum jemand wollte noch was geben auf seine Grünen, als der Wahlkampf begann - sie schienen so von gestern, so altmodisch, irgendwo auf der Schattenseite des Zeitgeistes geparkt. Dann die Kampagne, seine Kampagne, bis zum Personenkult gesteigert: „Zweitstimme ist Joschka-Stimme". Er wuchtete seine Ökos auf stattliche 8,6 Prozent, rettete Schröder die Kanzlerschaft. Vielleicht hat er nie mehr Macht besessen als in jenen fiebrigen Tagen nach dem Sieg, als viele schon von einer neuen Epoche träumten, einer grün-roten Republik, die weit in die bürgerliche Mitte ausgreift - mit ihm als dem eigentlichen Kanzler. Fast schon zum Denkmal erstarrt, schaute er kurz nach der Wahl auf dem Foto im *stern* in weite, unbekannte Horizonte. Inzwischen ist auch er vom Regierungschaos erfasst. In all den Irrungen und Wirrungen um Haushaltslöcher und Steuererhöhungen, Wirtschaftsdepression und verschleppte Reformen kam von ihm kein erklärendes, Mut machendes Wort. Haben wir zu viel in ihn hineinfantasiert? Ist er am Ende doch nicht viel mehr als ein verlorener Stiefsohn der reformunwilligen Sozialdemokratie? Dem innigen Verhältnis der Deutschen zu ihm tut das keinen Abbruch. Joschka Fischer ist und bleibt der beliebteste Politiker Deutschlands

für Taten.

Stolpern auf dem Weg nach oben

CSU-Kandidat Edmund Stoiber strauchelt, als er Anfang September eine Wahlkampfbühne in Düsseldorf betreten will – ein Vorgang nicht ohne hinterhältige Symbolik: Zu diesem Zeitpunkt war die Wahlkampagne des Bayern nämlich schon arg aus dem Takt geraten. Sein Kontrahent Gerhard Schröder profilierte sich in der Flutkatastrophe als Macher, die Angst vor einem Krieg mit dem Irak trieb zudem die Friedensbewegten zurück in die Arme von Rot-Grün. Auf beides wusste der Bayer keine Antwort. Wochenlang hatte die Union die Umfragen angeführt, Stoiber schien die Kanzlerschaft schon in den Händen zu halten – auf den letzten Metern englitt sie ihm

Guidos peinliche Nummer

Beschwingt vom Umfragehoch und einigen erfolgreichen Landtagswahlen klebte sich FDP-Chef Guido Westerwelle im Frühjahr eine „18“ auf die Schuhsohlen und fand sich wunderbar. 18 Prozent waren das Ziel der Liberalen bei der Bundestagswahl. Mit der „18“ wollte die „neue“ FDP plötzlich eine Partei für „das ganze Volk“ sein, vor allem junge Politikverdrossene fischen. Das Experiment scheiterte grandios: Guido und Co. verirrten sich zwischen Gaga und Geschmacklosigkeit. Wochenlang nervte der FDP-Chef mit seiner Wahlkampftour im „Guidomobil“, dann sorgte Parteifreund und Polit-Skandalmann Jürgen W. Möllemann für Ärger. Als die Flut kam und die Angst vor einem Irakkrieg, war wieder Ernsthaftigkeit gefragt – die Spaßpartei sah da reichlich lahm aus. Mit 7,4 Prozent schickten die Wähler sie in die Opposition. Westerwelles 18-Prozent-Schuhe stehen jetzt im Museum

Der freie Fall des Jürgen W.

Fallschirmspringer (hier über seiner Ferieninsel Gran Canaria) und Dauerwahlkämpfer, Schlagzeilenmacher und Menschenfischer; ein Tausendsassa, ebenso skrupellos wie genial: Jürgen W. Möllemann. Jahrelang gehörte der Mann mit dem Schnauzer zum politischen Inventar der Republik. Zuverlässig hat er dem Land immer wieder zu Erregungszuständen verholfen, wenn es sich mit sich selbst zu langweilen drohte: Journalisten brauchten nur mal „Mölli“ anzurufen – dann war immer was los. Im Wahljahr 2002 erreichten seine Luftsprünge jedoch eine neue, traurige Qualität. Getreu dem von ihm erfundenen „Projekt 18“ machte er sich auf, der FDP mehr Wähler zuzutreiben – und fischte dabei in trüben Gewässern. Möllemann ergriff Partei für palästinensische Selbstmordattentäter, er überzog den Vizepräsidenten des Zentralrates der Juden, Michel Friedman, mit rüden Attacken und finanzierte am Ende auch noch ein antisemitisch angehauchtes Wahlkampfflugblatt über eigene, dunkle Kanäle. Bei der Bundestagswahl stürzte die FDP ab und hat seitdem einen handfesten Spendenskandal zu bewältigen. Möllemann selbst fiel noch tiefer: Er verlor den stellvertretenden Parteivorsitz und musste seinen Posten als Fraktionschef in Düsseldorf räumen. Von Parteiausschluss bedroht, gesundheitlich angeschlagen und verbittert, kämpfte er um sein politisches Überleben und versuchte, eine bis ins Irrwitzige gesteigerte Politikerkarriere zu retten, die von selbstzerstörerischen Anwandlungen nie ganz frei war. Manche trauen dem Mann noch einen letzten, großen Coup zu: die Gründung einer eigenen „Möllemann-Partei“, mit der er den etablierten Polit-Betrieb so richtig aufmischen könnte

Zur Kenntlichkeit entstellt

Edi, Guido, Gerd und Joschka – das waren im Politik-Zirkus die Hauptdarsteller. Kurz vor der Wahl setzte Karikaturist Sebastian Krüger das Quartett für den *stern* gebührend ins Bild. Fischer gefiel seine Darstellung als Chefdiplomat mit Knopf im Ohr so gut, dass er später auf einem Grünen-Parteitag damit posierte. Schröders Verhältnis zur Parodie wurde allerdings nach der Wahl mit dem „Steuersong" auf eine harte Probe gestellt. Das Werk des Parodisten Elmar Brandt kletterte auf Platz eins der Hitparade. Der Kanzler konnte dagegen nichts tun – das ist ja das Geile an der Demokratie

Hoher Besuch beim schrillen Fest

Bundestagspräsident Wolfgang Thierse lässt sich auf der Christopher-Street-Day-Parade in Berlin am 23. Juni den Bart kraulen – und findet das gut so. Schwule und Lesben feiern sich jedes Jahr selbst mit diesem kreischend-bunten Spektakel. Diesmal zog es besonders Politiker von Rot-Grün auf die Homo-Umzüge – man hoffte auf Wählerstimmen. Von Thierse wird berichtet, er habe sich prächtig amüsiert

Letztes Spot-Licht auf den Alten

Da sitzt er im Kreis getreuer Hinterbänkler, ein Denkmal seiner selbst und beschienen von einem fast verklärenden Licht im Reichstag – der Effekt rührt von den 360 Spiegeln, die in der Mitte der Kuppel die Sonne reflektieren und je nach Stand solche Spots ins Plenum zaubern. Am 12. September war die letzte Bundestagssitzung des Abgeordneten Helmut Kohl, der nach der Bundestagswahl ausschied. 26 Jahre gehörte er dem Parlament an, 16 lange Jahre war er Bundeskanzler. Im Sommer hatte er noch einmal für Wirbel gesorgt, weil er den ihm unbequemen Bundestagspräsidenten Wolfgang Thierse in die Nähe des NS-Reichstagspräsidenten Hermann Göring gerückt hatte

Von Stefan Schmitz

Pleiten, Abstürze und Skandale

Es war das Jahr der gefallenen Helden. Eine Richterin in München bekam es nicht nur mit Boris Becker zu tun, sondern kurz darauf auch mit dem vermeintlichen Wunderunternehmer Thomas Haffa. Leo Kirch, der alte Filmlöwe, ging Pleite. Ron Sommer, der Vater der T-Aktie, wurde gefeuert. Der Dax tauchte in immer neue Tiefen ab. Und in den USA stürzten die einst wie Popstars verehrten Unternehmenslenker reihenweise über Bilanzskandale.
Nichts war mehr wie in den Zeiten des Booms. Erst schwanden die Kurse, dann das Vertrauen, zum Schluss die Hoffnung auf den nächsten Aufschwung. Am Ende regierte die Lust an der Depression, das genussvoll ausgelebte Selbstmitleid.
Die Glaubenssätze der Propheten des freien Marktes gerieten ins Wanken: Aktien sind die beste Geldanlage? Von wegen. Lebensversicherungen bringen satte Renditen? Früher mal. Unternehmer schaffen Wohlstand und Arbeit? Manchmal nur für Konkursverwalter und Staatsanwälte. Wohl dem, der ein Sparbuch und kein Aktiendepot hatte. Und am besten einen Job beim Staat. Kein Risiko. Keine schlaflosen Nächte. Kein böses Erwachen. Der Kapitalismus, einst strahlender Sieger der Geschichte, geriet 2002 in seine schwerste Krise seit der Großen Depression vor 70 Jahren. Die Altlasten der New Economy wurden mit einem Eifer zur Seite geräumt, der an die Übertreibungen früherer Jahre erinnerte. Die Erwartungen und Hoffnungen der Ära der Internet-Begeisterung galten nicht nur als maßlos übertrieben, sondern vielfach als Produkt krimineller Machenschaften.
Und innerhalb von zwei Jahren löste der Sparwahn die Gier als Leitmotiv des Wirtschaftens ab. Der entfesselte Raubtierkapitalismus hat, zumindest in den USA und ein klein wenig auch bei uns, seine Chance gehabt. Er hat sie verspielt.
Eine Bande von Tricksern verwandelte, so schien es, die Wall Street in den „Ground Zero" der amerikanischen Wirtschaftsmoral. Enron, Worldcom, Xerox – die Liste der Bilanztäuscher ließe sich beliebig fortsetzen. Im ersten Quartal 2002 wurden in den USA 64 Verfahren wegen Bilanzmanipulation eröffnet. Und das war erst der Auftakt der Krise. Allein die Vorgänge um den Kollaps des Energieriesen Enron, so fürchtet Jeff Immelt, der Chef von General Electric, haben der Wirtschaft mehr Schaden zugefügt als die Anschläge vom 11. September.
Der Dax stürzte nach Bekanntwerden der Mauscheleien bei Worldcom unter 4000 Punkte. So tief wie seit den Tagen nach dem Anschlag auf das World Trade Center und das Pentagon nicht mehr. Nur herrschte

diesmal keine Panik, sondern etwas weit Schlimmeres: der womöglich rationale und dauerhafte Vertrauensverlust der Anleger. Fast folgerichtig, dass es in den Monaten danach noch viel weiter nach unten ging.
In der Euphorie an den Märkten Ende der neunziger Jahre galt kreative Buchführung als Ausdruck besonderer Pfiffigkeit. Als die ersten Pleiten kamen, die ersten Vorstandschefs mit voll gestopften Taschen Ruinen zurückließen – da waren es halt ein paar schwarze Schafe. Es wurden immer mehr. Unter den Gestürzten und Gestrauchelten fanden sich fast alle, die einst als leuchtende Vorbilder einer neuen Zeit galten. In den USA ebenso wie in Deutschland.
In Hamburg etwa endeten die Geschäfte des ehemaligen „World Entrepreneur of the Year", Peter Kabel, mit der Zwangsversteigerung der Büromöbel von Kabel New Media. Bankgesellschaft Berlin, Cargolifter, Infomatec, Phenomedia, Flowtex – auch hierzulande verdrängten kreative und manchmal kriminelle Bilanzstrategen die biederen Buchhalter. Obwohl die meisten Unternehmer rechtschaffene Leute sind, haftet doch an jeder Bilanz mittlerweile ein winziger Zweifel. Keiner glaubt mehr, was er nicht selbst geprüft hat. Schon gar keine Aktienempfehlungen. Damit ist am meisten Schindluder getrieben worden: Der Analyst Richard Gross von Lehman Brothers zum Beispiel empfahl die Enron-Aktie noch Anfang 2002 bei einem Kurs von 38 Cent dringend zum Kauf. Kaufen, kaufen, kaufen. Diesen Tipp gab Gross ununterbrochen seit Januar 2001 – da war das Papier noch 81 Dollar wert.
Als eine Ursache für den „Zusammenbruch des ethischen Verhaltens in der Geschäftswelt" machte der frühere Chef der US-Börsenaufsicht, Arthur Levitt, die „Vergötterung der Industriekapitäne" aus. Ein „moralisches Krebsgeschwür" wuchere da. Levitt meinte Typen wie den einstigen Worldcom-Boss Bernie Ebbers, dessen Konzern zeitweise mehr wert war als McDonald's, Boeing und Gillette zusammen. Der Ex-Milchmann kaufte alles; er war der Prototyp des neuen Unternehmers. Rund 75 Firmen schluckte er. Seine Yacht hieß „Aquasition" – ein Wortspiel aus Aqua und Akquisition. Als es bergab ging, im März, tobte er auf einer Betriebsversammlung, die Mitarbeiter würden Teebeutel klauen. Irgendwann scheint er den Bezug zur Realität verloren zu haben. Auch darin hat Ebbers Vorbildcharakter. Der deutsche EM.TV-Gründer Thomas Haffa und sein Bruder Florian versicherten, ihrer Firma gehe es wahlweise gut, super oder „sehr, sehr gut, super". Was dann am Ende auch nicht ganz stimmte. Für geniale Verkäufer windiger Geschäftskonzepte war 2002 ein hässliches Jahr. Vielen bleibt als Trost, dass sie im Gegensatz zu all denen, die auf sie hereingefallen sind, nie mehr arbeiten müssen – die meisten „Helden" fielen weich.

Aus leuchtenden Vorbildern des Erfolgs wurden schwarze Schafe

Ende eines Medienmoguls

Leo Kirch hat den Filmhandel und einen großen Teil des Fernsehens in Deutschland beherrscht: Pro Sieben, Sat 1, Kabel 1 und Premiere gehörten zum Imperium des verschwiegenen Mannes aus München. Am milliardenfressenden Pay-TV Premiere ist er schließlich gescheitert. Im Frühjahr meldeten die Kernteile seiner Firmengruppe Konkurs an. Es war die größte Pleite in der deutschen Nachkriegsgeschichte: Allein bei den Banken hatte Kirch rund fünf Milliarden Euro Schulden angehäuft. Heute herrschen Insolvenzverwalter über den Konzern. Gegen Ex-Kirch-Manager ermittelt die Staatsanwaltschaft. Der ehemalige Medienmogul trat zuletzt bei einem Prozess in München Mitte November öffentlich auf – als Zeuge. Ein Justizbeamter musste den 76-Jährigen in den Saal führen. Leo Kirch konnte seine Filme schon lange nicht mehr sehen – er ist fast blind.

Der Euro kommt, die D-Mark geht

Mit einem prächtigen Feuerwerk hieß Frankfurt in der Silvesternacht 2001/2002 den Euro willkommen. Auf einer Großparty rund um die Euro-Skulptur des Künstlers Ottmar Hörl (großes Foto) wurde vor dem Gebäude der Europäischen Zentralbank der Währungswechsel gefeiert. Am 28. Februar verabschiedete sich die D-Mark endgültig – nicht nur auf Plakaten (kl. Foto), sondern auch aus den Portemonnaies. Die Begeisterung für Europas Einheitswährung hatte sich zu diesem Zeitpunkt schon deutlich abgekühlt. Die Verbraucher schimpften auf den „Teuro“. Die Statistiken zeigen jedoch: Trotz ärgerlicher Ausnahmen sind die Preise insgesamt nur moderat gestiegen

degussa

Von Helden zu Halunken

Die Enron-Bosse beim Offenbarungseid: Vizepräsidentin Sherron Watkins und die Vorstände Jeffrey Skilling und Jeffrey McMahon (v. l.) heben am 26. Februar vor einem Untersuchungsausschuss des US-Senats die rechte Hand und schwören, die Wahrheit zu sagen. Ausnahmsweise. Vorausgegangen war eine der größten Bilanzfälschungen der Geschichte: Milliarden waren in zwielichtigen Luftbuchungen, übertriebenen Bewertungen und anrüchigen Mitarbeiterkrediten

bewegt worden. Die Pleite des Energiehändlers Enron leitete eine ganze Serie von Skandalen ein, in denen die US-Unternehmenskultur schweren Schaden nahm. Worldcom, Tyco, Xerox, K-Mart, Qwest – reihenweise mussten Großkonzerne ähnliche Fälschungen gestehen. Der Vertrauensverlust der Anleger drückte die Aktienkurse auf breiter Front und sorgte bei US-Präsident Bush für hilflose Hektik. Erste Maßnahme: In Zukunft müssen die Bosse schwören, dass ihre Bilanz stimmt

Zweifacher Haffa abwärts

Vor zwei Jahren noch sonnten sich Thomas (r.) und Florian Haffa im Licht märchenhaften Erfolgs: Ihre Kinderfilm-Firma EM.TV („Muppets", „Biene Maja") war die heißeste Adresse am Neuen Markt – zeitweise mehr wert als die Lufthansa. Doch die Haffas bauten ein Luftschloss. Was blieb, waren ein Milliardenverlust und ein Prozess wegen Kursbetrugs und haltloser Gewinnprognosen. So stehen die beiden Brüder seit dem 4. November 2002 wieder im Scheinwerferlicht: als Angeklagte vor dem Landgericht München

Die können uns mal…

Im kanadischen Calgary zeigen Demonstranten beim G8-Gipfel Ende Juni ihre mit einem Aufruf zum Boykott der Textilkette Gap bepinselten Hintern den Fotografen. Anders als im Jahr zuvor beim Weltwirtschaftsgipfel in Genua, wo es einen Toten gegeben hatte, blieben die befürchteten Straßenschlachten diesmal aus. Die Staats- und Regierungschefs der wich-

tigsten Industriestaaten hatten sich für das Treffen in die kanadischen Berge zurückgezogen. Im gut abgeschirmten Kananaskis bei Calgary waren sie zwar sicher vor den Kritikern des globalen Kapitalismus – aber nicht vor den Symptomen seiner Krise: Während der Konferenz stürzten wegen des Skandals beim US-Telekomkonzern Worldcom viele Aktien auf neue Tiefststände

Von Mario R. Dederichs

Übermacht und Überheblichkeit

Sein Vater tat Weitblick, alles was einer Politik Perspektive und Sinn geben sollte, verächtlich als „the vision thing" ab. George W. Bush hat indes gegen Mitte seiner Amtszeit als Präsident der Vereinigten Staaten durchschaut, dass „die Sache mit der Vision zählt". Was er aber im Jahre 2002 der Welt als Entwurf für die Zukunft präsentiert hat, fand keineswegs freudige Zustimmung: Es ist das Konzept für einen schier endlosen Krieg, in dem nur ein Land entscheidet, wie, wann, wo und warum gekämpft wird. Den Hegemon Amerika sah der Präsident beinahe als Instrument der Vorsehung, wie schon sein Vorbild Ronald Reagan, wenn Bush nach den Terroranschlägen von New York und Washington vom 11. September 2001 ständig verkündete: „Unser Bestreben und unsere Vision ist eine friedliche Welt."

Die muss nur erst einmal herbeigebombt werden. Eine „Achse des Bösen" spannt sich, wie Bush zu Jahresanfang in der Rede „zur Lage der Nation" erklärte, um den Globus der Guten. Ihre Angelpunkte seien Nordkorea, der Iran und der Irak, allesamt Förderer des internationalen Terrorismus und des Erwerbs von Massenvernichtungswaffen, nach Ansicht des Weißen Hauses „die gefährlichsten Mächte der Welt". Mit der Realität hatte diese Vision nicht viel gemein: Fehlte nicht jeder Beweis für eine Verbindung zwischen dem stalinistisch verwirrten Nordkoreaner Kim Jong-il und dem größenwahnsinnigen Iraker Saddam Hussein oder den fanatischen Ayatollahs von Teheran? Herrschte nicht immer noch Kriegszustand zwischen den Erzfeinden Irak und Iran? Waren „Beweise" für eine Zusammenarbeit zwischen Bagdad und dem Terrornetz der al Qaeda trotz aller CIA-Recherchen nicht geplatzt? Und fehlte nicht jedes Indiz für irakische Aggressionspläne mit nuklearen, biologischen und chemischen Waffen?

Den Kriegstreibern in Washington, voran Vizepräsident Dick Cheney und Verteidigungsminister Donald Rumsfeld, war das egal. „Die Verteidigung gegen den Terrorismus und andere heraufziehende Bedrohungen des 21. Jahrhunderts", sagte Rumsfeld, „könnte sehr wohl erfordern, dass wir den Krieg zum Feind tragen."

So hatten die Amerikaner es nach dem 11. September schon mit Afghanistan gemacht, wo sie das Taliban-Regime und die von ihm gestützte Qaeda-Infrastruktur zerschlugen. Und obwohl weder Ober-Terrorist Osama bin Laden gefasst noch sein weit ausgreifendes Attentäternetz zerrissen wurde – wie Anschläge an den unbewachten Ferienorten Djerba, Bali und Mombasa

bewiesen – noch Afghanistan endgültig befriedet war, schufen Washingtons „Falken" das Dauer-Event des Jahres: Chronik eines angekündigten Krieges.
Zielscheibe war Bagdad, „Regimewechsel" im Irak die erklärte Politik der USA. „Saddam muss weg", betonte Bush. Was zunächst nur nach Bluff klang, bekam ab Sommer Form: Tausende von US-Soldaten wurden zum Persischen Golf in Marsch gesetzt. Die Welt nahm staunend und widerwillig hin, dass Amerika sich sogar das Recht zum Erstschlag nahm, nicht nur gegen den Irak, sondern gegen jeden „Feind der Zivilisation", und zwar „mit allen unseren Optionen", was heißt: auch mit Atomwaffen.
Nur ein Anlass zum Losschlagen fehlte noch. Da gab Bush dem Druck der Völkergemeinschaft nach Legitimität nach, indem er sich an die Vereinten Nationen wandte und erneute Waffeninspektionen im Irak erzwang, obwohl Cheney diese als „große Gefahr" abgelehnt hatte, weil ein Gefühl falscher Sicherheit entstünde, wenn die UN keine Massenvernichtungswaffen fänden.
Am Jahresende schwebte die Welt zwischen Krieg und Frieden: Amerika erhoffte sich von den Inspektionen den *casus belli*, fast alle anderen Länder wünschten das Gegenteil. Aber keines muckte wirklich auf.
Als einziger Verbündeter der USA erklärte Kanzler Gerhard Schröder, Deutschland werde selbst mit UN-Mandat nicht an einem Krieg gegen den Irak teilnehmen: „Für Abenteuer sind wir nicht zu haben." Er erreichte damit seine Wiederwahl und die strafende Verachtung Amerikas.
Denn W. Bush ist einer, der keine Zweifel zulässt und keine Illoyalität mag. Oft geht er um den Kabinettstisch herum und verlangt von jedem Minister ein klares Plazet zu seiner Politik. Obwohl außenpolitisch unerfahren und unerprobt, hält er sich für einen starken *leader* und sogar für einen „ziemlich guten Diplomaten".

Die Welt schluckt Bushs Kriegspläne gegen die neue „Achse des Bösen"

Die Ursachen des Hasses gegen Amerika zu erforschen, liegt ihm nicht. Als Sieger will er, wie Reagan im Kalten Krieg, am Ende Recht behalten: *Might makes right.*
Er braucht nur, wie er dem Washingtoner Enthüllungsreporter Bob Woodward verriet, „einen Militärplan, der erfolgreich ist". Ansonsten schwört er auf seinen Instinkt: „Ich handle nicht nach dem Lehrbuch. Ich handle aus dem Bauch heraus."
2002 konnte Bush sogar den Makel seiner Misswahl zum Präsidenten überwinden: Ein Sieg seiner Republikaner bei den Zwischenwahlen gab ihm ein Mandat für seinen endlosen Krieg. Sein demokratischer Vorgänger Bill Clinton bemerkte dazu süffisant: „Wenn sich Leute nicht sicher fühlen, mögen sie lieber einen, der stark ist und falsch liegt, als einen, der schwach ist und recht hat."
Während die Hypermacht USA ihre Flugzeugträger, *Special Forces*, Tarnkappen-

Bomber und Panzertruppen um den Irak in Stellung brachte, blieben die Stimmen der Warner ungehört. „Eine Militäroperation gegen Saddam Hussein darf nicht lang und hinausgezogen sein", sagte Strategie-Guru Henry Kissinger. „Sonst könnte die Schlacht zu einem Kampf des Westens gegen den Islam werden." Der ehemalige Nato-Militärbefehlshaber Wesley Clark forderte eine starke Kriegsallianz: „Einseitiges Handeln der USA würde den Krieg gegen al Qaeda schwächen und anti-amerikanische Gefühle im Nahen Osten und in Europa aufheizen." Durch erste Antikriegs-Demonstrationen waberte der Vorwurf, den USA gehe es in Nahost wieder nur um ihre Ölinteressen (der Irak ist viertgrößtes Förderland der Region) und den Schutz des Unfriedensstifters Israel.

Amerika nimmt sich das Recht zum Erstschlag – auch mit Atomwaffen

Doch die Logik der neuen Bush-Politik verlangt diesen Krieg. „Der irakischen Bedrohung zu begegnen", betonte der US-Staatschef, „ist entscheidend, um den Krieg gegen den Terror zu gewinnen."
Schon kam, mangels besserer Gründe, das Argument von der Glaubwürdigkeit der USA auf: Nur wenn sie den Irak zu Boden zwingen, kuschen die anderen „Schurkenstaaten". Und wer will schon lieber gegen das 67-Millionen-Volk des Iran oder die eine Million Mann starke Armee Nordkoreas Krieg führen, womöglich noch gegen nuklear bestückte Scud-Raketen?

Niemand soll, so besagt die von Bush unterzeichnete neue Sicherheitsdoktrin, stärker sein als die USA. Koste es, was es wolle. Schon heute gibt Amerika für seine übermächtige Streitmacht mehr aus, als alle 15 Staaten der Europäischen Union plus Russland, Japan, China, Indien, beide Koreas, Iran, Israel und Taiwan zusammen für ihre Soldaten bezahlen. Für die Politik globaler Vorherrschaft ließ die Bush-Administration 2002 das über Jahrzehnte erarbeitete System nuklearer Abrüstung mit Russland fallen und warnte die UN, sie würden „irrelevant", wenn sie sich nicht Washingtons Wünschen fügten. „Amerika wird gegen drohende Gefahren handeln, bevor sie sich voll entwickelt haben", verkündete Bush.
Seine „Verantwortung vor der Geschichte" sieht er darin, „die Welt vom Bösen zu befreien". Mit solcher Überhöhung ins Mythische füllte Bush in den Augen der Amerikaner eine peinliche Lücke, die sich nach dem Untergang der Sowjetunion aufgetan hatte: Amerika, das mehr denn je für Rüstung ausgab, brauchte ein neues Feindbild. Nun ersetzt die „Achse des Bösen" das „Reich des Bösen" und soll die Ausgabe von 355 Milliarden Dollar im Jahr rechtfertigen.
„Der neue Konflikt wurde in die gleiche Größenordnung erhoben wie zuvor der Ost-West-Konflikt", erklärte der deutsche Politologe Ernst-Otto Czempiel. „So schrecklich der Terrorangriff des 11. September auch war, verdiente er diese Rangordnung nicht."

Die Ansprüche Amerikas, die Überheblichkeit der eiskalt ausgespielten Überlegenheit, bergen in sich jedoch mehr Sprengstoff als die geplante „Enthauptung“ des Irak. Wenn aufstrebende Staaten sich nur dann vor einem Präventivangriff Amerikas sicher fühlen können, wenn sie Massenvernichtungswaffen besitzen, dann droht der seit Jahrzehnten betriebenen Politik, die Verbreitung solcher Arsenale zu verhindern, ein klägliches Ende – vom Ziel der totalen Abrüstung aller Atommächte ganz zu schweigen. Nordkorea zeigte das noch krasser als der Irak.
Mit ihrer rücksichtslosen Kriegführung verderben die USA zudem immer öfter auch die besten Absichten für eine Militärintervention. Das erwies sich bereits im Kosovo-Krieg und in Afghanistan, wo die Amerikaner aus der sicheren Distanz hochtechnisierter Einsatzzentralen oder hoch fliegender Pilotenkanzeln Tod und Vernichtung auf das Land regnen ließen, ohne sich selbst in Gefahr zu begeben. Ihr erklärtes Ziel, in Konflikten möglichst verlustfrei zu bleiben, galt und gilt nicht für die Empfänger ihrer computergesteuerten Bomben und Raketen – und das sind viel zu oft Zivilisten. „Man kann nicht solche Feuerkraft einsetzen und keine Fehler machen“, bekannte Pentagon-Chef Donald Rumsfeld. „Das wird wieder passieren.“
Solche Arroganz der Macht gibt dem US-Militärexperten William Arkin zu denken: „Damit legen wir schon heute die Saat für die nächste Generation von Terroristen.“

Der Präsident verlässt sich auf seine Instinkte

Im Oval Office des Weißen Hauses hat Präsident George W. Bush seine Top-Berater versammelt: Vizepräsident Dick Cheney, Verfechter eines Krieges gegen den Irak, Außenminister Colin Powell, Befürworter einer Lösung im Rahmen der Vereinten Nationen, und die Chefin des Nationalen Sicherheitsrats, Condoleezza Rice, die sich nur als Vermittlerin versteht. Alle drei dienten bereits unter Bushs Vater in der US-Regierung

Schritt für Schritt dem Krieg entgegen

Geschlossen steht die 10. Mountain Division in Fort Drum im US-Bundesstaat New York hinter ihrem Präsidenten. Seit Anfang 2002 schwört George W. Bush sein Land auf einen Krieg gegen den Irak ein und bringt die Truppen in Stellung. 13 000 Mann stehen Ende März in Kuwait, 30 000 in Bahrain, 4000 in Katar, 3300 sind im Oman stationiert, in Saudi-Arabien 5000, 4000 in der Türkei und auf der schwimmenden Basis „Diego Garcia" im Indischen Ozean 1000 Soldaten. Das ist erst der Anfang: Bis zu 250 000 Mann sollen die alliierten Streitkräfte stark sein, wenn der Krieg gegen den Irak losbricht

Bomben-Stimmung

Sechs Stunden Freizeit durften die Soldaten am 10. Oktober auf dem US-Flugzeugträger „Abraham Lincoln“ genießen – die ersten unbeschwerten Augenblicke nach drei Monaten Dienst. Zur Belustigung der Mannschaft wurden aufblasbare Sessel und Swimmingpools eingeflogen und ein Barbecue zwischen den Aufklärungsflugzeugen veranstaltet. Natürlich ohne Alkohol. Denn die Bomben und Raketen lagen während der Fete für den Ernstfall zum Laden bereit

Der hohe Preis der Freiheit

Die Geisel im Bus ist knapp mit dem Leben davongekommen – und benommen von einem zunächst unbekannten Giftgas, das russische Sondereinheiten im Oktober bei der Stürmung des Moskauer Musical-Theaters „Nord-Ost“ einsetzten. Dort hatten tschetschenische Terroristen zweieinhalb Tage lang etwa 800 Zuschauer und Schauspieler in ihrer Gewalt. Ihr Versuch, auf diese Weise den sofortigen Abzug der russischen Truppen aus Tschetschenien zu erpressen, endete in einer Katastrophe – neben den 41 Tschetschenen, die alle erschossen wurden, verloren auch etwa 128 der Geiseln ihr Leben. Die meisten von ihnen starben an den Wirkungen des Gases, das zur Betäubung der Geiselnehmer ins Theater geleitet worden war. Den Namen gaben die russischen Behörden erst vier Tage später bekannt: Fentanyl, ein Narkotikum, hundertmal stärker als Morphium

Mahnung am nationalen Mahnmal

Am 1. Dezember, dem Welt-Aids-Tag, befestigt ein Mann eine riesige rote Schleife am „Bandeirantes“-Monument in São Paulo. Sie ist das Symbol für den Kampf gegen die Immunschwächekrankheit, die in Brasilien durch eine vorbildliche Aufklärungskampagne zurückgedrängt werden konnte. Doch in anderen Ländern, vor allem in Asien und Afrika, breitet sich die Seuche weiter ungebremst aus. 42 Millionen Menschen sind mittlerweile HIV-infiziert, Tendenz steigend

Das Lächeln zweier Killer

Sie sehen aus wie zwei nette Typen von nebenan. Doch John Allen Muhammad und sein Ziehsohn Lee Malvo versetzten drei Wochen lang als „Heckenschützen von Washington" die Bevölkerung der amerikanischen Hauptstadt in Angst und Schrecken. Insgesamt 13-mal schlugen die beiden zwischen dem 2. Oktober und ihrer Verhaftung am 24. Oktober zu und schossen aus dem Hinterhalt auf Passanten. Zehnmal waren ihre Schüsse von tödlicher Präzision, drei Menschen überlebten die Anschläge schwer verletzt. Das Motiv für die Morde ist bis heute nicht bekannt. Zwar war John Allen Muhammad, Veteran der US-Army, zum Islam konvertiert und sympathisierte mit Terrorchef Osama bin Laden, eine Verbindung zu terroristischen Organisationen unterhielten die beiden Schützen jedoch nicht

Höllenfeuer im Paradies

Sie wollten Urlaub machen an einem der paradiesischsten Orte der Welt, doch für viele von ihnen wurde es eine Reise ohne Wiederkehr: Mehr als 190 Menschen verloren bei den Bombenattentaten am 12. Oktober auf der Ferieninsel Bali ihr Leben. Die meisten der Opfer stammten aus Australien. Auch sechs Deutsche befinden sich unter den Toten. Islamische Terroristen verwandelten mit einer Autobombe die Discothek „Sari Club" in Kuta in ein Flammeninferno, kurz zuvor waren schon Sprengsätze in der benachbarten „Paddy's Bar" und im US-Konsulat in Denpasar explodiert

Verbrechen am Ozean

Den Tod für Millionen von Meerestieren wie diesen Krebs, die größte Umweltkatastrophe in der Geschichte Spaniens, eine Ölpest, verheerender als jene nach dem Untergang der „Exxon Valdez“, verursachte der Tanker „Prestige“. Das havarierte Schiff bricht am 19. November vor der Küste Galiciens auseinander; 17 000 der 77 000 Tonnen Öl fließen dabei ins Meer und verseuchen reiche Fischgründe, Hunderte Kilometer Strand und das Naturpark-Archipel der Cies-Inseln, ein bedeutendes Vogelschutzgebiet. Die Regierung nimmt alles nicht so ernst: Ministerpräsident José María Aznar lässt sich wochenlang nicht an der galizischen Küste blicken, Umweltminister Jaume Matas sonnt sich im Urlaub, und der Regierungschef der Region geht erst mal auf die Jagd. Aber aus dem auf 3500 Meter gesunkenen Wrack entweichen weiterhin täglich 125 Tonnen Öl, fünf Tanklastzüge voll. Erst angesichts der internationalen Schlagzeilen und 150 000 wütender Demonstranten entschließt sich die Regierung zum Handeln – und setzt auch Soldaten für die Säuberungsarbeiten ein. Der Kampf gegen den schwarzen Tod kann dort noch Jahre dauern

Der Altarraum wird zum Schlafsaal

Erschöpft haben sich Palästinenser in einer Ecke der Geburtskirche in Bethlehem in warme Decken gehüllt, um zu schlafen. Sie gehören zu den etwa 170 Frauen und Männern, die sich am 2. April vor der anrückenden israelischen Armee in das Gotteshaus geflüchtet haben. 39 Tage können die Eingeschlossenen die Basilika nicht verlassen, so lange stehen israelische Panzer vor den Türen. Am 10. Mai gibt die Armee das Kirchenportal frei, nachdem verschiedene EU-Länder sich bereit erklärten, die Freigelassenen aufzunehmen. 13 von den Israelis als „besonders gefährlich" eingestufte Palästinenser werden nach Zypern ausgeflogen

Harter Mann soft verpackt

Ob in Denkerpose oder schmusend mit dem Schimmel „Tizian“ – Russlands Präsident Wladimir Wladimirowitsch Putin versteht sich auf softe Selbstdarstellung zur Beschönigung seines harten Kurses, den er als brutaler Kriegsherr im Tschetschenienkonflikt oder als die Medien hart zügelnder Machtmensch fährt. Bei seinem Volk ist der eng mit dem Geheim-

dienst verbundene Mann so beliebt wie kaum ein russischer Präsident zuvor. Der Fitnessbegeisterte – er schwimmt jeden Morgen und ist Träger des Schwarzen Gurtes im Judo – hat auch ein Faible für feudaleren Sport entdeckt: Seit zwei Jahren nimmt er Reitunterricht. Im Reitstall seiner Residenz nordwestlich von Moskau stehen fünf Vollblüter für ihn bereit

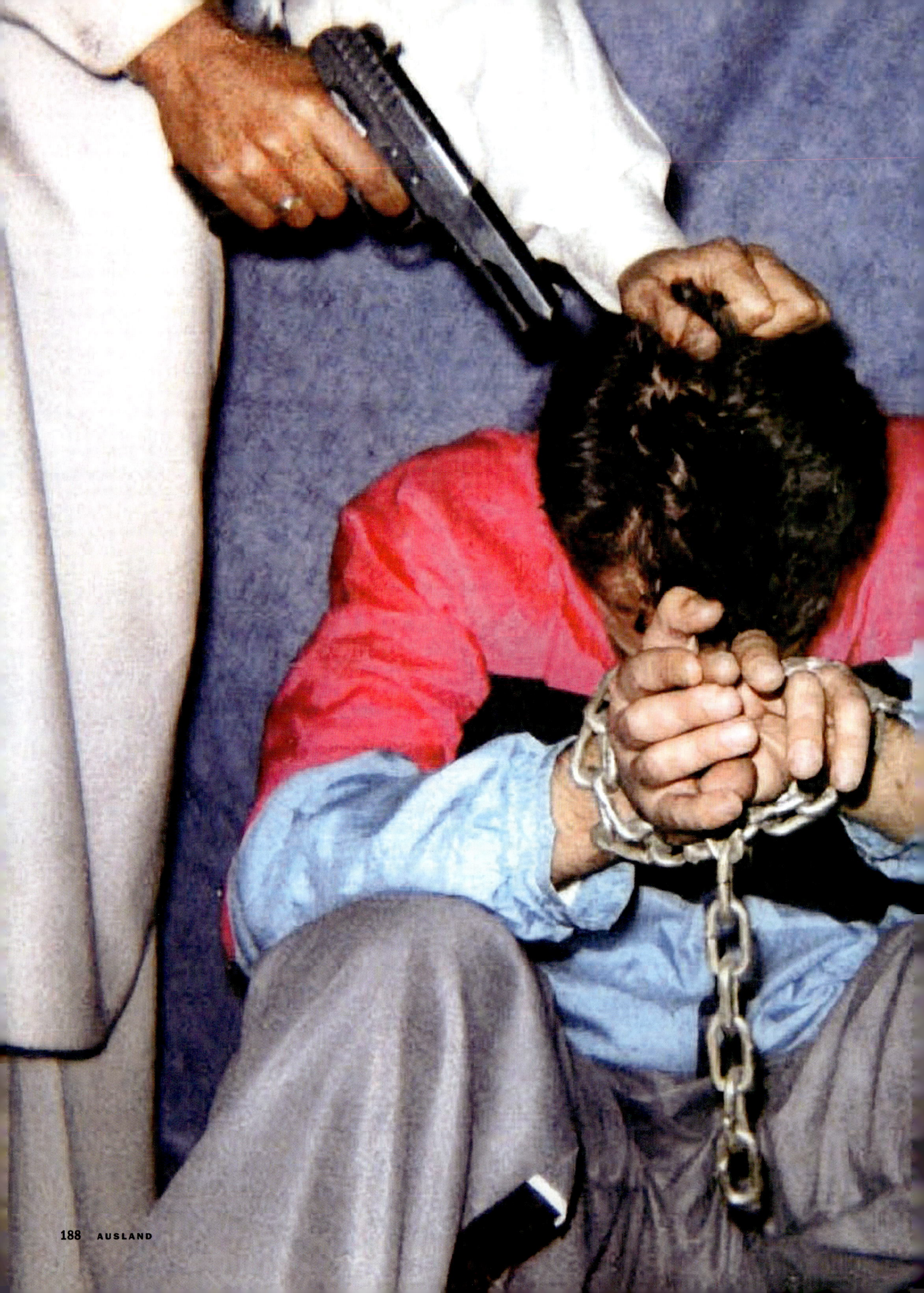

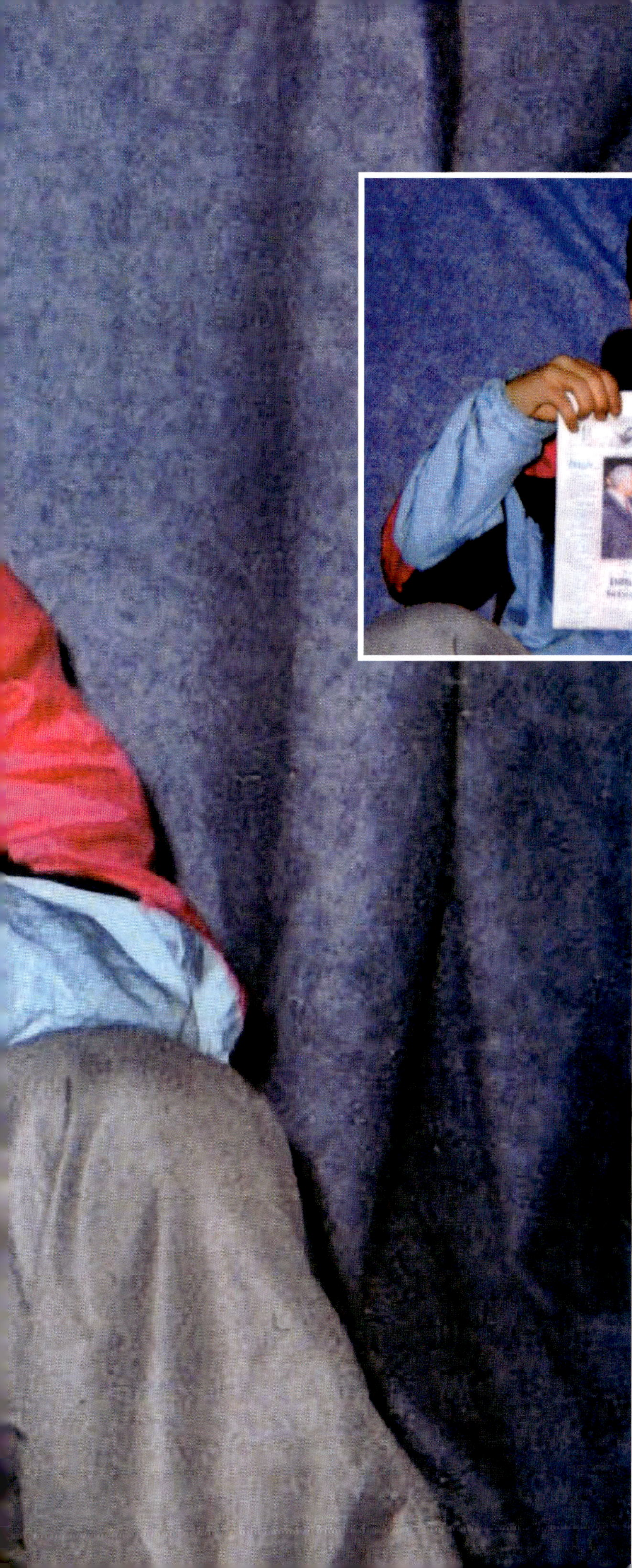

Tod eines Reporters

Verzweifelt, als ob er seinen Tod bereits ahnen würde, ist „Wall Street Journal"-Reporter Daniel Pearl in sich zusammengesunken. Pearl wurde am 23. Januar in der pakistanischen Hafenstadt Karatschi bei Terrorismus-Recherchen entführt. Die Täter forderten für seine Freilassung zunächst eine bessere Behandlung inhaftierter Taliban und Al-Qaeda-Mitglieder, später zwei Millionen Dollar Lösegeld. Um ihren Forderungen Nachdruck zu verleihen, versandten die Erpresser per E-Mail Fotos wie diese an amerikanische Zeitungen. Wenige Wochen später gab das US-State Department Pearls Tod bekannt. Ein Video bestätigte die grausame Wahrheit: Pearl wurde die Kehle durchschnitten

Explosiver Protest

Von lateinamerikanischem Überschwang, Fahnen, Luftballons und Hupkonzerten waren anfangs die Demonstrationen in Caracas geprägt, der Hauptstadt der krisengeschüttelten Republik Venezuela – hier eine Anhängerin von Präsident Hugo Chavez. Ein Generalstreik gegen den Sozialisten, dem die Opposition Unfähigkeit vorwirft, eskalierte zum Jahresende, legte die Wirtschaft lahm und führte zu Gewalttätigkeiten im ganzen Land

MACRO
INSCRIPCIONES ABIERTAS
Con
manda el

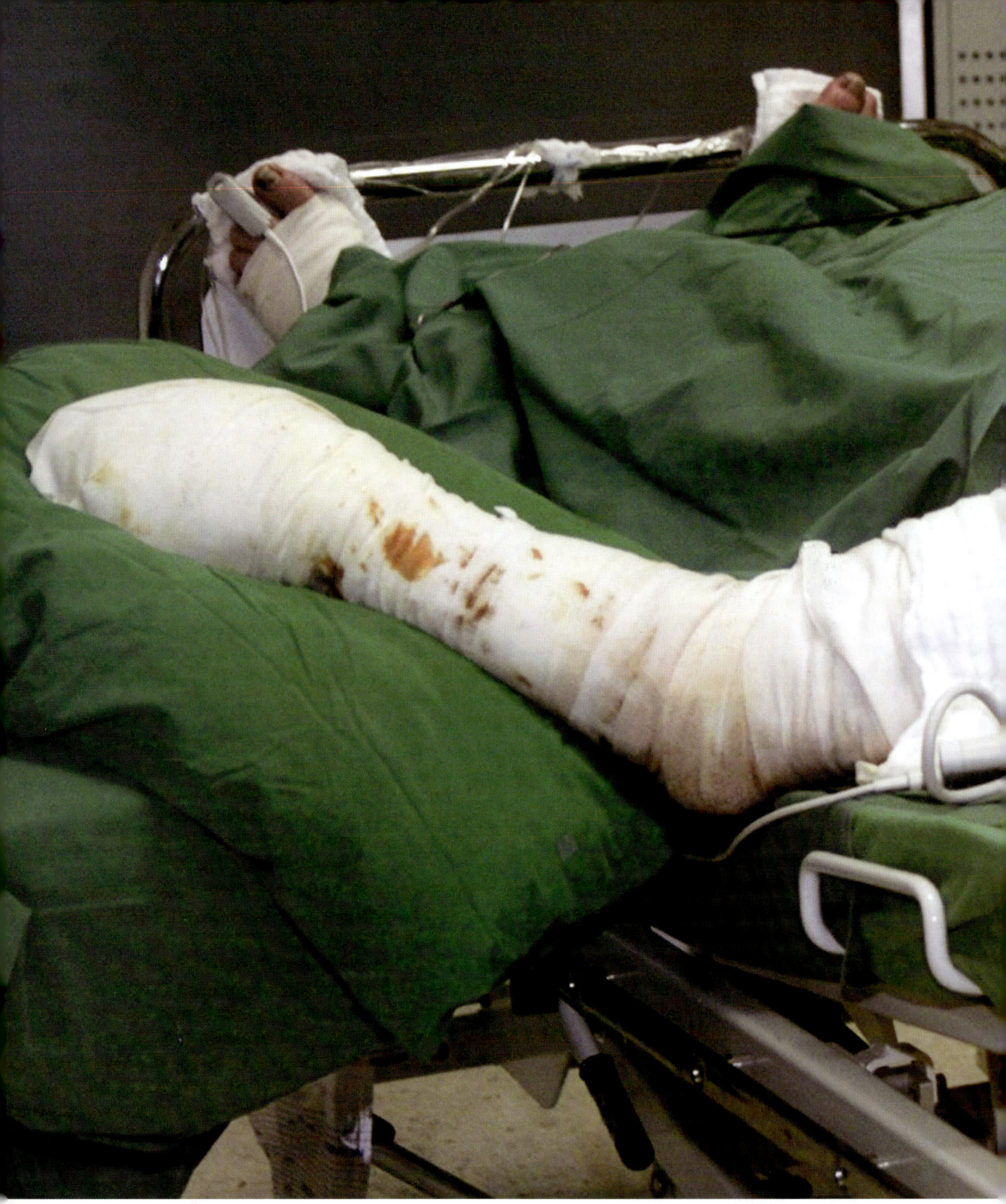

Heimkehr eines Opfers

Er kam im Inferno des Terroranschlags von Djerba am 11. April nur knapp mit dem Leben davon. Der 40-jährige Mann wurde schwer verletzt ausgeflogen und auf die Intensivstation des Unfallkrankenhauses in Berlin gebracht. Seine Haut war zu großen Teilen verbrannt, das Blut sickerte durch die dicken Verbände. 19 Menschen kamen bei der Explosion eines mit Gasflaschen beladenen Kleinlasters vor der Synagoge La Ghriba

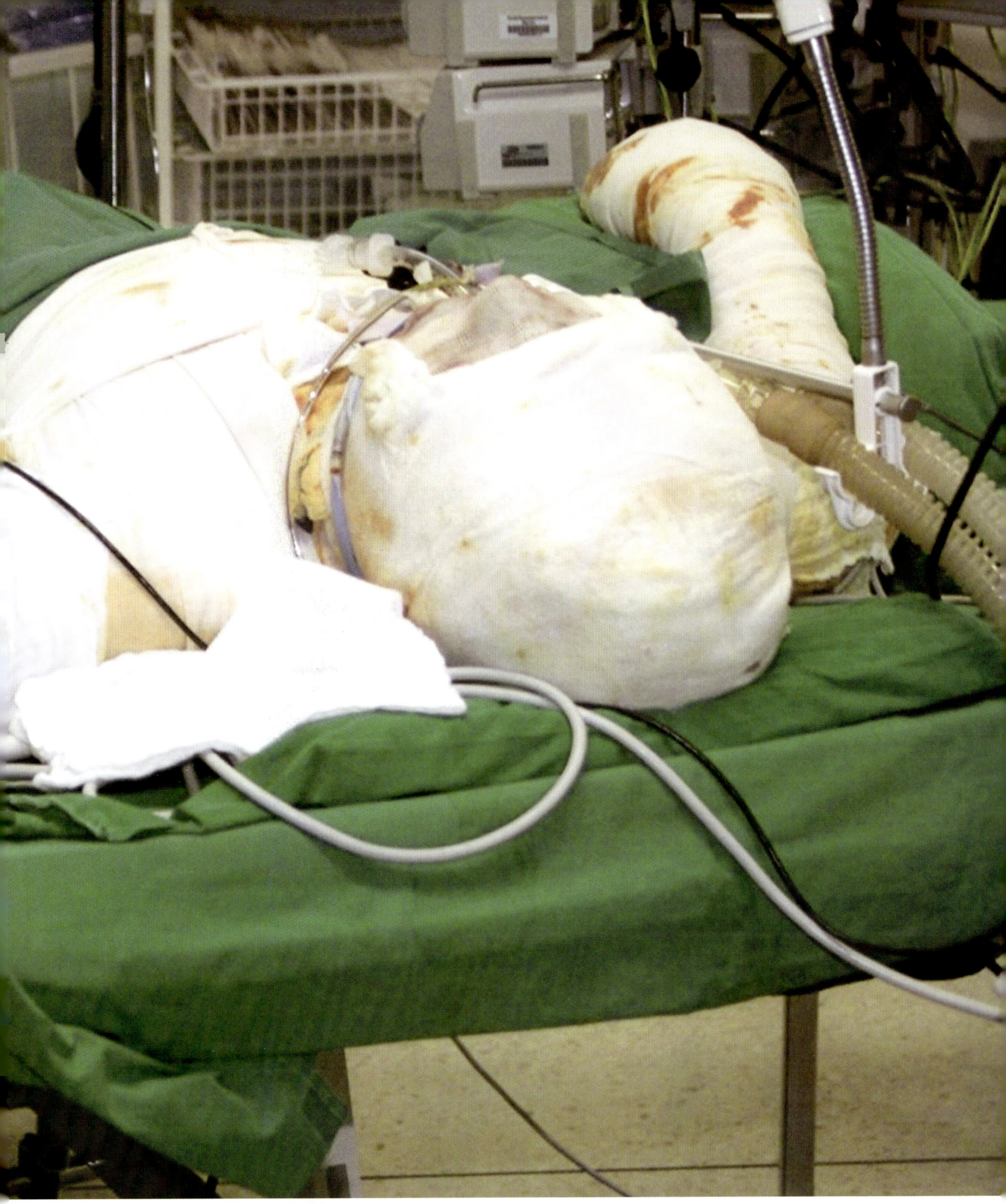

ums Leben, 14 von ihnen waren deutsche Touristen, die auf der tunesischen Mittelmeerinsel ihren Urlaub verbringen wollten. Erst Tage später stellte sich heraus, dass die Explosion kein Unfall, sondern die Tat eines 24-jährigen radikalen Islamisten war. La Ghriba, das älteste jüdische Gotteshaus auf dem afrikanischen Kontinent, war vor allem wegen der kunstvollen Täfelungen ein viel besuchtes Ziel für Reisende aus aller Welt

Schnitzeljagd im Orient

„Machen Sie das Tor auf. Wir wollen rein." Dem Ansinnen von 23 Inspektoren der Vereinten Nationen und der Internationalen Atomenergiebehörde folgte im Dezember der Mann von Saddam Husseins Präsidentengarde in Badgad etwas verdutzt. Das Team durchstöberte den Al-Sajoud-Palast dann eher symbolisch. Massenvernichtungswaffen oder Indizien dafür erwarteten die Inspekteure kaum, dafür prüften sie einen Vorrat an Marmelade

Von Rüdiger Barth und Giuseppe Di Grazia

Eine WM, so seltsam wie nie

Trommeln dröhnten durch die Nacht von Yokohama, auf den Straßen tanzten Fans in leuchtend gelben Trikots, zäh stand die Luft, und dünne Tropfen verdampften auf schweißnasser Haut. Als wir zu unserem Hotel tappten, war das Endspiel schon drei Stunden vorbei, Kahn hatte daneben gegriffen, Ronaldo getroffen, zwei zu null. Und nun erweckten die Brasilianer Japan zum Leben, endlich nach sechs Wochen WM. Irgendwo kauften wir uns ein Sixpack Bier, um durchzuhalten, schrieben und tranken und schrieben und tranken, ausgerechnet Kahn, am Morgen würde es nach Hause gehen. Trommeln dröhnten durch die Nacht, und nach ein paar dickflüssigen Stunden ging keine Sonne auf, sondern ein feuchter, grauer Nebel kroch durch die Schluchten der Häuser. Wir schrieben uns die Seele aus dem Leib, Kahn, Ronaldo, Kahnkahnkahn, bis wir rausgingen und unsere Köpfe in die Leere tauchten. So endeten unsere 42 Tage in Fernost, so endete diese seltsamste aller Fußball-Weltmeisterschaften, in der viele Starke schwach waren und viele Kleine groß. Senegal und die USA stießen bis ins Viertelfinale vor, die Türkei und Südkorea gar ins Halbfinale – während Favoriten wie die Hochgeschwindigkeitsfußballer aus Argentinien und der Weltmeister Frankreich schon in der Vorrunde an ihrer Müdigkeit und dem eigenen Hochmut scheiterten. Der Titelverteidiger hatte drei Torschützenkönige aus Europas Top-Ligen entsandt, dann fiel Zinedine Zidane aus – und man schoss nicht ein einziges Törchen. Als es für die stolzen Südamerikaner vorbei war, strichen sich ihre ratlosen Stars die langen Haare aus dem Gesicht und weinten wie kleine Jungs.

Alles schien möglich bei dieser WM, doch am Ende gewann mal wieder Brasilien, zum fünften Mal nun schon Weltmeister, sieben Spiele, sieben Siege, da kann man nichts sagen. Obwohl der Stil von Pelés Erben seltsam antiquiert aussah, sie bemerkenswert lauffaul den Gegnern das Mittelfeld überließen und nur auf die Geniestreiche ihrer Stürmer vertrauten. Den modernsten Fußball aber zeigte einer der beiden Gastgeber: Südkorea. So schnell so viel gewetzt ist in der gesamten Menschheitsgeschichte noch keine Fußballmannschaft – Polen, Portugal, Italien und Spanien wurden schlicht überrannt. Erst als die Kräfte erlahmten, brachen ihre Schwächen auf; im Halbfinale fanden die Koreaner gegen die stabile deutsche Abwehr kein Mittel mehr. Da war die Begeisterung im eigenen Land längst in Hysterie umgeschlagen. Anders als in Japan, dessen Elf im Achtelfinale ausschied und das an der WM bei weitem nicht so euphorisch Anteil nahm. Zum ersten Mal fand das große Fußballfest in zwei Ländern statt, zum ersten Mal in Asien. Dieser Erdteil war endlich mal dran, sagen die einen, die anderen: Die mächtigen Konzerne Japans und Südkoreas lieferten der Fifa überzeugende Argumente. Und so teilten sich zwei Staaten die WM, die sich in Politik und Kultur noch immer über kleinste Gesten streiten, 57 Jahre nachdem die japanischen Besatzer Korea verlassen haben. Zwei einander spinnefeinde Ausrichter, beide Lehrlinge des Weltfußballs – konnte das gut gehen? Es ging gut. Auch wenn manches überorganisiert wirkte und, besonders in Japan, reichlich blutleer. Doch wenn die Gastgeber spielten, kam Stimmung auf. In Korea wogten rote Massen auf den Tribünen, und alles gehorchte einem Dutzend Pauken. Stille. Schläge. 60 000 brüllten: Daehan Minguk! Stille. Schläge. Daehan Minguk! Republik von Korea! Und so ging das immer weiter, fast zwei Stunden lang. Es war erst beeindruckend. Dann ein bisschen zum Schmunzeln, weil alle so diszipliniert mitmachten, also nicht mit dem Herzen. Und weil so viele Kinder dabei waren, mit hellen Stimmchen, sodass aus dieser roten Menschenwand keine Mauer werden konnte, die den Mut des Gegners zerschellen ließ, sondern ein flauschiger Teppich. Und niemals war Hass zu spüren wie in den Arenen des Westens.

Auch um die Stadien herrschte Festival-Atmosphäre. Die wenigen Fans, die sich die teure Reise geleistet hatten, vertrugen sich prächtig mit den Rivalen aus anderen Ländern. Wer im Fußball vor allem den völkerverbindenden Gedanken sieht, dem wurde es warm ums Herz. Für den war es eine großartige WM, friedlich, freundlich. Wir aber fanden sie lauwarm. Der Fußball weckt nun mal erst tiefste Gefühle, wenn man ihn in einem kochenden Kessel voller verzweifelnder, hoffender, leidender Menschen erlebt. Nicht auszudenken, wenn die Gastgeber früh ausgeschieden wären – es wäre eine Geister-WM geworden. Denn die Einheimischen verfolgten die Spiele ihrer Gäste wie einen Kinofilm, blieben manchmal minutenlang still, um dann plötzlich in frenetischen Jubel auszubrechen. Und sie kreischten schon, wenn der Ball hoch in den Strafraum flog – auch wenn gar kein Stürmer in der Nähe war. Das zermürbte. Zumal wir Reporter uns irgendwann wie losgelöst von Zeit und Raum fühlten. Kamen uns vor wie Japaner in Heidelberg. Rudelten mit dem Bus zum Flughafen, der deutschen Mannschaft hinterher, flogen über das halbe japanische Archipel in eine Stadt, die genauso grau und zerbaut aussah wie alle anderen auch, ruckelten mit dem Bus zum grauen Hotel, grau der Himmel, grau die Gesichter, ächzten weiter zum Stadion, fummelten uns durch die Kontrollen, knabberten ein klebriges Algen-Reisrollen-Etwas, sickerten durch graue Gänge in ein futuristisches Stadion. Früh am nächsten Morgen ging es wieder zurück, ins Quartier der deutschen Elf, wo wie-

In Koreas Stadien wogten rote Massen, aber von Hass keine Spur

der der Alltag einkehrte, Cornflakes am Morgen und nichtssagende Pressekonferenzen zu Mittag. Bis zum nächsten Spiel. Wer sich absetzen konnte vom deutschen Wanderzirkus, kam sich vor, als sei er in einer fremden Galaxie gelandet. Wir Langnasen aus dem exotischen Westen wurden bestaunt, weil wir so groß waren, belächelt, weil wir uns so ungeschickt benahmen, und gegrüßt, weil die Menschen merkten, dass sie keine Angst vor uns haben mussten. Die hatten vor allem die japanischen Behörden vor der WM geschürt: Vorsicht vor den wilden Riesen!

Die Deutschen glaubten an ihren Mythos – beinahe war es unheimlich

Natürlich sind Japan und Korea hoch technisierte Länder; angeblich können viele Japaner sogar Shakespeare im Original lesen, nur Englisch sprechen, das kann keiner. Da wir auch unsere Japanisch- und Koreanisch-Kenntnisse nicht allzu euphorisch darstellen wollen, muss man gestehen: Wir hatten in all der Zeit keine Chance, diese Länder zu begreifen. Was blieb, waren Momentaufnahmen. Wie wir tagelang Kameruns Nationalteam hinterher fuhren, Tausende Kilometer, drei Tage lang, hinauf nach Tokio, hinüber zum Fujiyama, zurück nach Fukuoka, hinein in die Berge Kyoshus, wo Winnie Schäfers Mannen in einem Camp logierten, das genauso gut im Schwarzwald hätte stehen können. Wie uns die verblühten Schönheiten in der Hafenkneipe auf Cheju, Koreas Tropeninsel, jeden Abend fragten, was wir trinken wollten, auch nach zwei Wochen noch, und wir jeden Abend sagten: Beer, please. Aber auch, wie Südkoreas Stolz erwachte. Wie die Leidenschaft im Volk von Sieg zu Sieg zunahm und schließlich Millionen Jugendliche in den Städten den Sommer ihres Lebens feierten. Oder die Jugendlichen in Japan, die Haare orange gefärbt wie ihre Idole, die bei einem Tor für ihr Team durch die Kneipe hüpften wie Kung-Fu-Kämpfer, aber bei einem Gegentor nicht sauer, erniedrigt oder beleidigt waren, wie wir das im Westen gern sind, weil es ja im Fußball um unsere Ehre geht. Wir können nicht anders, denkt man sich – die Asiaten können anders. Scheinen nur ein bisschen enttäuscht, sind einfach: gute Verlierer.

Fremder noch fühlten sich nur die Bilder an, die aus der Heimat manchmal zu sehen waren, die vielen feiernden Fans. Die WM hätte genauso gut auf dem Mond stattfinden können, so weit wähnten wir uns weg.

Das ist das Besondere eines so langen Turniers, hatte Rudi Völler immer wieder gesagt, und irgendwann begriffen wir es: Der Tross wird zu einem eigenen Universum. Man richtet sich in diesem Lebensimitat ein, bis man verdrängt hat, dass es noch ein anderes Leben gibt. Zumal die Aufregung von Spiel zu Spiel stieg. Die Nation hatte Völlers Kader demütig auf die Reise geschickt: Nur nicht blamieren dürft ihr uns, bitte schön. Dass diese junge Mannschaft als Vizeweltmeister zurückkehren würde, keiner hätte es vermutet. Doch als die Deutschen Saudi-

Arabien zum Auftakt acht zu null abfiedelten, faselten die ersten Kollegen schon wieder vom Titel. Das Turnier war noch keine Woche alt, da war die neue deutsche Bescheidenheit in der Schwüle der japanischen Regenzeit verdampft wie ein Pfützchen in den Schmelzöfen von Hyundai. Dabei taumelten die Deutschen zunächst durch das Turnier.

Hätten gegen Kamerun ausscheiden können, zu zehnt, waren eingeschläfert von Paraguay, wirkten hilflos gegen die schnellen Amerikaner. Aber am Ende gewannen immer sie, zielstrebig wie sie waren, kampfkräftig, taktisch klug.

Sie hatten beschlossen, an sich zu glauben, und auch die Gegner glaubten wieder an die Deutschen. Wenn die endlich zu stürzen schienen, hielt sie ihr Torwart mit dem eisernen Willen bis zum Schlusspfiff aufrecht. Beinahe war es unheimlich. „Es wird nicht immer die beste Mannschaft Weltmeister", predigte Völler von Woche zu Woche, jener Teamchef, der immer mehr zu Rudi, dem Spielertrainer wurde. So bekamen sie Statur: der listige Schneider, der tapfere Ballack, der kühle Hamann. Klose, natürlich. Der junge Metzelder. Frings, der Motor. Vor allem Kahn, der sechs Spiele lang hielt, was ein Torhüter nur halten kann. Erst als Völlers Elf richtig gut wurde, verlor sie. Das darf man tun, in einem WM-Finale, gegen Brasilien sowieso. Doch seit der Nacht von Yokohama glauben wir wieder an die Zukunft des deutschen Fußballs. 2006 werden die Trommeln der Brasilianer schweigen.

Klose verleiht den deutschen Träumen Flügel

Diesen Tag wird Mohammed Al-Deayea, der bedauernswerte Torwart Saudi-Arabiens, so schnell nicht vergessen. Es ist das erste Spiel seines Teams bei dieser WM, und dann schenken ihm diese entfesselten Deutschen gleich acht Tore ein. Allen voran Miroslav Klose, der dreimal per Kopf zuschlägt – und seine Lufthoheit nach dem zweiten Treffer elegant zelebriert

Ein Mann sucht seinen Halt

Im Sommer war er für die Deutschen der Fußball-Zeus. Als Oliver Kahn bei der Weltmeisterschaft in Japan und Korea mit der Nationalelf auf den Olymp wollte und ausgerechnet er dabei patzte, machte das ihn nur sympathischer: Mensch Olli. Dann aber kam der Herbst. Kahn hielt nicht mehr wie bei der WM auch die vermeintlich Unhaltbaren, bei den Bayern rutschten ihm Bälle in den Kasten, als wäre er ein ganz gewöhnlicher Torwart. Er offenbarte Motivationsprobleme, verletzte sich, spielte einmal sogar Golf, während seine Kollegen in der Bundesliga ranmussten. In der Champions League

schieden die großen Bayern kläglich aus. Aus dem Helden von Fernost war der bocklose Olli geworden – der Boulevard vergisst schnell. Im Oktober reist Kahn mit der Nationalmannschaft nach Bosnien-Herzegowina, trainiert verbissen, während der Regen pladdert. Kahn wäre nicht der beste Torwart der Welt, würde es ihn nicht reizen, sich aus eigener Kraft aus dem Sumpf zu ziehen. 33 Jahre ist er erst, kein Alter für einen Torhüter. 2006 will er Weltmeister werden. Er berappelt sich, kommt wieder in Form, und am Jahresende ist Bayern München dank eines großartigen Kahn der Liga-Konkurrenz enteilt

Ein Stoppelschopf macht Karriere

Was für ein einschneidendes Erlebnis für Ronaldo! Der Stürmer mit dem neckisch ovalen Haar-Rest über der Stirn schoss im WM-Finale von Yokohama zwei Tore gegen Deutschland. Bei der Siegesfeier schmatzte der Brasilianer genüsslich den Pokal ab.
Die Fans in der Heimat waren von ihrem Vorbild restlos begeistert – nach dem Turnier rasierten und schnibbelten die brasilianischen Friseure wie die Weltmeister

illbruck
illbruck

Teurer, schneller, „Illbruck“

Rund um den Globus in neun Etappen, insgesamt 32 700 Seemeilen: Beim „Volvo Ocean Race“ kämpften acht Teams auf acht Booten um den Sieg. Doch was heißt hier Boote? Millionenteure High-Tech-Produkte waren das, schnittige Kunstharzwannen mit Karbonmasten und Segeln aus Kevlar-Fasern. Die schnellste unter ihnen war die deutsche „Illbruck“, gelenkt vom amerikanischen Skipper John Kostecki. Der führte Schiff und zwölfköpfige Crew sicher durch die knüppelharte Regatta – bis zum triumphalen Zieleinlauf in Kiel am 9. Juni, achteinhalb Monate nach dem Start

Mit Haut und Haaren bei der Sache

Die Volleyball-WM im eigenen Land stand im September an, und da machten die deutschen Damen gern Werbung für ihren Sport – gleich neun Nationalspielerinnen ließen sich für den *stern* erotisch fotografieren. Mittelblockerin Kathy Radzuweit (l.) etwa, die 1,96 Meter groß ist. Oder Béatrice Doemeland (r.), die bei der WM die Fäden zog. Doch auch die Spielführerin konnte nicht verhindern, dass ihr Team unerwartet früh ausschied

Ein Kuss, der die Preisrichter kalt lässt

Bei den Olympischen Spielen in Salt Lake City machten Shae-Lynn Bourne und Victor Kraatz aus ihrer Kür ein Liebesspiel – selbst im Eistanz ungewöhnlich. Geholfen hat die Theatralik wenig: Das kanadische Paar schrammte hauchdünn an einer Medaille vorbei. In Zukunft will der strenge Weltverband „unzüchtige Positionen" bestrafen. Ob das im Sinne der Fans ist? Es gewannen am Ende Marina Anissina und Gwendal Peizerat aus Frankreich: Sie tanzte in einem zerfetzten Kleid, er in einem seilumschlungenen Fummel

Prügelstrafe für das Großmaul

Tief waren die Wunden. Nach harten Kopftreffern blutete Mike Tyson über beiden Augen und aus der Nase; verzweifelt versuchte er, auf den Beinen zu bleiben. Dann schmetterte Lennox Lewis jenen rechten Schwinger an Tysons Kinn, mit dem er den bösesten Schwergewichtsboxer aller Zeiten in die Knie zwang. K.o. in der achten Runde. Lewis holte sich in Memphis den WM-Titel der Verbände WBC und IBF zurück – und der berüchtigte Ohrenbeißer Tyson war dieses Mal lammfromm

PIONSHIP
WBC
HECHO
MEXICO

Strahlen nach der Staffel

Sorgen hatten sie, große Sorgen, die Gastgeber der Olympischen Winterspiele von Salt Lake City. Die Furcht vor Anschlägen war da, natürlich, nach dem 11. September 2001 und dem US-Krieg gegen Afghanistans Taliban-Regime. Doch bei der Eröffnung am 8. Februar entlud sich die Anspannung in einem farbenfrohen, stimmungsvollen und überraschend unpatriotischen Fest. Die Spiele blieben friedlich bis zum Schluss, produzierten die üblichen Doping- und Eisrichterskandale – und bescherten dem deutschen Team insgesamt 35 Medaillen. Unter dem zwölffachen olympischen Gold war auch eins für die 4x7,5-Kilometer-Staffel der Biathletinnen Uschi Disl, Katrin Apel, Kati Wilhelm und Andrea Henkel (v. l.)

Gegen den Strom, zurück zum Gold

Auf einmal tauchte sie wieder auf. Franziska van Almsick kam von ganz unten, nachdem sie schon ganz oben gewesen war. 1:56,64 Minuten brauchte sie im EM-Finale über 200 m Freistil für die vier Bahnen – und acht quälend lange Jahre, um eine noch schnellere Zeit als bei ihrem WM-Sieg von 1994 zu kraulen. Die Berli-

ner Rekord-EM – fünf Goldmedaillen gewann die inzwischen 24-Jährige insgesamt – ist die Krönung einer konfusen Karriere. Noch vor zwei Jahren bekam die Athletin massenweise ihr Fett weg („Franzi van Speck"), als sie bei Olympia in Sydney versagte. Das Erlebnis schockte sie – jetzt kann sie wieder lachen

Kraft-Akte mit Muskeln wie Beton

Bodybuilderinnen, vom Fotografen für ein Buchprojekt als „Moderne Amazonen“ abgelichtet, sind Geschmackssache. Während Lesa Lewis (l.), 35, Bauarbeiterin, 82 Kilo, noch eine gewisse Anmut verströmt, deuten bei Andrulla Blanchette, 36, nur die Strapse auf eine Frau hin. Übrigens: Ohne Schuhe ist die „Eiserne Göttin“ 1,58 Meter groß

Was schert uns schon der Schumi?

Eine wenig aufregende Show bot die Formel 1 in der Saison 2002. Was aber nun wirklich nicht dem perfekt arbeitenden Ferrari-Team anzulasten ist. Sondern der hoffnungslos überforderten Konkurrenz. Kein Wunder also, dass diese Damen es vorzogen, ein Bad in monegassischer Sonne zu nehmen, statt Weltmeister Michael Schumacher zu bewundern, der – ausnahmsweise – nur Zweiter wurde. Fraglich allerdings, ob's beim infernalischen Lärm das reine Vergnügen war

Von Jochen Siemens

Auch bei Büchern: Bohlen boomt

Es war das Medien-Kunststück. Und bot die Innenansicht einer Mechanik, die Millionen Leser bunter Seiten mit Stoff versorgt, der sich, kaum gelesen, verflüchtigt. Und es war auch der Beweis, dass man sich beim Lesen mit heißer Luft füllen kann.

Und will. „Nichts als die Wahrheit"? Egal, eine halbe Million Bücher verkaufte Dieter Bohlen bis Jahresende von seiner so betitelten Autobiografie. Sogar das Kanzleramt bestellte ein Exemplar.

„Diddä", eigentlich Komponist und Mitsinger seiner Band Modern Talking, ist in der Metamorphose seines Lebens: als der Harry Potter des Indiskreten von den Charts ins Feuilleton. Aber natürlich ahnte Bohlen, dessen Grammatik immer nach Imbissbude riecht, dass Bücherlesen nicht zur bevorzugten Beschäftigung seines Publikums gehört. Also setzte sich der schreibende Blondone auch noch vor ein Mikrofon und quälte seine Nöl-Stimme durch alle 336 Seiten des Werkes für das „Nichts als die Wahrheit"-Hörbuch. „Kann man sich so, pfft, auffer Auddobahn in den Player schieben, muss man dann nich lesen." Die 150 000, die es gekauft haben, machten erleichert pfft, und es quoll der Verdacht, der Bohlen solle lieber vorlesen als singen.

Selbstverständlich war die Bohlen-Beichte eine gesellschaftliche Nichtigkeit, nur die unwahrscheinliche Wucht seiner Enthüllungen übertönte deren dünnen Gehalt: Seine Ex-Freundin Naddel habe heimlich viel Sekt getrunken und ihn mit dem Gärtner betrogen; seine Ex-Frau Verona Feldbusch habe merkwürdig steile Oberweiten, „ihre Dinger ragten wie zwei stramme Eisberge in die Luft"; im Bett sei die Feldbusch aber trotz allen Gequengels ein Hauptgewinn gewesen – und Bohlen wohl auch, denn „Verona ist ja eine der untalentiertesten Schauspielerinnen, die es gibt", die könne die Lust nicht vorgemacht haben.

Seite für Seite heizt Dieter Bohlen in seiner Ego-Beichte nach. Dieses oder jenes Sex-Paket der 80er Jahre wie Brigitte Nielsen habe nach ihm gegiert, aber da habe er Angst gehabt, vom damaligen Ehemann Sylvester Stallone „zu Schuhleder" gemacht zu werden, und deshalb von ihr gelassen.

Auf CD vorgelesen, klingt der Ich-Konzern Bohlen dann allerdings merkwürdig gebremst. Wie ein Schuljunge leiert er beinahe schüchtern sein eigenes Werk herunter, verstolpert sich in Worten wie „peiverse". Und doch schaffen Bohlens Bekenntnisse aus der Champagner-Gosse eine neue Dimension des Klatsches. Aus Salon wurde Theke, aus der einst Society-regulierenden Funktion der Indiskretion wurde ein bubenstückhaftes Trommelfeuer des Intimen. Und aus Bohlen ein kindlicher Verräter deutschen Klatsches.

Ein „Misfit", ein Nicht-Gesellschaftsfähiger, der nun umso attraktiver war.
Ging es bei anderen Affären des Jahres – etwa der „Hat er gesagt, hab ich gesagt"-Trennung von Uschi Glas und ihrem Mann Bernd Tewaag – noch um die Contenance und den Stil eines Rosenkrieges, eröffnete Bohlen den Sturmlauf aufs Private. Und hier wird das zweifellos schlichte Buch zum Kunststück. Denn wen immer Bohlen in der Klasse seiner B-Prominenz mit Dreck bewarf, der sonnte sich darin. Egal, was er sagt, Hauptsache, er spricht über mich. Ob Naddel, ob Verona, sie protestierten schnell, aber kleinlaut, manchmal halbherzig, aber am liebsten in Fortsetzungen.
In manchen Buchhandlungen steht Bohlen nun zwischen Böll und Brecht, das macht „Diddä" zum Klatsch-Klassiker. Seine schlichte, immer freche und in manchen Momenten auch einfach geniale Sichtweise auf Dinge und Damen verhalf seinen Lesern und Zuhörern für kurze Zeit zu einer Leichtigkeit des Seins, als ihnen der deutsche Alltag gerade zu kompliziert wurde.
Versteht sich, dass Bohlen sich angesichts seines neuerlichen Erfolges verpflichtet fühlte, überhaupt nicht mehr den Mund zu halten. Er könne sich vorstellen, auch am politischen Ruder mitzudrehen – ein neues Talent für Berlin, warum nicht? Schon vorher entschied er in der TV-Show „Superstar" über Talente und Nicht-Talente („Weißt du, du hast alles das, was man nicht braucht"). Bohlen, Bohlen, Bohlen überall. Anderer Klatsch konnte unter dieser Übermacht gar nicht mehr richtig laut werden. Oder geriet über Bohlen fast in Vergessenheit.
Desiree Nosbusch entstieg ihrer Ehe, um sich mit einem Sänger tief in die Augen zu blicken – vergessen.
Claudia Schiffer heiratete in England – vergessen. Patrice Farameh und Boris Becker trennten sich nach 151 Tagen wieder – wer erinnert sich noch daran?

Unser König im Klatschkarussell

Um Kicker Stefan Effenberg, der seine Frau Martina gegen Frau Claudia Strunz eintauschte, drehte und drehte sich das Klatschkarussell – alles nichts gegen Bohlen.
Aber bei den üblichen Bewohnern der Boulevardspalten kam von Neid keine Spur auf – im Gegenteil, das Bohlen-Jahr ließ ihnen Ruhe, die permanent zerrütteten Verhältnisse im Diskreten neu zu ordnen.
Die redemsige Uschi Glas sprach nach dem Seitensprung ihres Mannes viel und sagte wenig, doch dann war schon wieder Bohlen an der Reihe. Und als die schöne Heidi Klum gegen Jahresende ihren Friseur allein ließ, um einen wilden Rocker zu küssen, war immer noch Bohlen im Gespräch.
Jetzt stelle man sich nur einmal vor, was alles gewesen wäre, wäre unsere Heidi aus New York mit dem Dieter aus Oldenburg durchgebrannt. Reden tun sie beide gern, und Bohlen hätte noch mehr zu schreiben gehabt. Hat er aber wohl auch so. Ein zweites „Nichts als die Wahrheit" ist schon in Arbeit.

Dem Bohlen sein Buch

Stolz reckt der Star das Kinn, glücklich glänzt seine Koautorin – auf der Frankfurter Buchmesse präsentieren Dieter Bohlen und Katja Keßler „Nichts als die Wahrheit" – Bohlens Bekenntnisse. Das Geschäft mit den Bettgeschichten ist, so der Verlag, „der absolute Hammer". Von Oktober bis Weihnachten verkaufte sich das Werk des „Modern Talking"-Chefs rund 500 000-mal. Das Hörbuch dazu 150 000-mal – mit 3000 CDs hatte die Plattenfirma gerechnet. Das Geheimnis seines Bucherfolgs kennt der Simpel-Popper: „Ich habe einen ziemlichen Durchschnittsgeschmack, der die Leute trifft"

Erhabene Leere vor dem Ansturm

Einen freien Blick durch die Pinakothek der Moderne zu werfen – wie hier auf die plastikverkleidete Säule von Olaf Metzel – das ist nicht immer leicht. Denn selten erlebte ein Museum einen solchen Publikumsandrang wie das Münchner Gesamtkunstwerk, das am 17. September seine Tore öffnete. Mit 20 000 Besuchern am Tag hatte man in der Anfangszeit gerechnet, doch es wurden mehr, viel mehr. Am Ende kamen allein in der Eröffnungswoche über 300 000 Menschen – rekordverdächtig. Aber der unerwartete Erfolg hat auch seine Kehrseite: Es gibt zu wenig Toiletten, die Cafeteria ist zu klein, weder Parkplätze noch Garderobenhaken reichen aus, und der teure Terrazzoboden verkraftet die vielen Füße gar nicht gut

Puppenblonde Pracht

„Jedermann", jedes Jahr. Dann belebt Hugo von Hofmannsthals „Spiel vom Sterben des reichen Mannes" den Salzburger Domplatz. Ein auf alt geknitteltes Spektakel für Menschen, die zuschauen, wie der Tod ins Leben greift. Damit ihnen dabei aber keine düsteren Gedanken die Seele verfinstern, konnten sie sich heuer am hoch geschnürten Busen der Buhlschaft Veronica Ferres ergötzen und an einem draufgängerischen Zopfträger alias Peter Simonischek. Außerdem blieb da noch der Plausch über frühere Inszenierungen. Denn wer nach Salzburg kommt, hat fast alle Jedermänner gesehen: Tukur, Jürgens, Schell, Brandauer und Voss – wohl nur nicht mehr Näselkönig Alexander Moissi

Eiersuchen im Drachenland

Der Held ein Legastheniker, das Drachenland bevölkert von Pop-Art-Monstern, Walhall in den Südstaaten gelegen und Zwerg Mime ein Garagenbesitzer – an der Bayerischen Staatsoper in München inszenierte der amerikanische Regisseur David Alden Richard Wagners „Siegfried“ als surrealen Bilderbogen. Bei der Premiere erntete das munter modernisierte Heldenstück reichlich Entrüstung und Buhrufe. Doch Kritiker, schwerblütiger Wagnerei überdrüssig, begrüßten den schrägen Nibelungen-Spaß als köstlich leicht und zeitgemäß

Gruppenbild mit Schmuckstück

Ob es das klassische Profil der schönen Italienerin war oder ihr Busen, mit dessen Reizen Monica Bellucci nie geizt? Nicht ganz so becircend waren ihre schauspielerischen Leistungen als aparte Herrscherin, die in „Mission Kleopatra“ Obelix (Gérard Depardieu, links) und Asterix (Christian Clavier) fest im Griff hat. Im März kam der bislang teuerste französische Film in die deutschen Kinos, und er war auch hier mit rund 1,6 Millionen Zuschauern sehr erfolgreich. Und die Bellucci hat es geschafft: Vom Wäschemodell und Pinup-Star zum Filmschmuckstück neben Depardieu, Frankreichs Kinoidol Nummer eins

Von Ameisen können sogar Computer lernen

Das Ganze sieht aus wie eine Attacke von Minirobotern auf Ameisen in einer gläsernen Arena. In Wirklichkeit ist es eine Demonstration von Forschern der südfranzösischen Universität Toulouse: Die Wissenschaftler wollen erfahren, nach welchen Gesetzen die schwarzen Hautflügler sich im Kollektiv verhalten. Und sie wollen nach diesen Erkenntnissen Roboter bauen, die dann besser „miteinander können“, sowie Computer-Netzwerke, in denen keine Information mehr durch die elektronischen Maschen geht

K-Team
Alice-003
K-Team
Alice-001
K-Team
Alice-006

Sonne, Mond und Sterne

Grabräuber hatten auf dem Mittelberg bei Nebra in Sachsen-Anhalt diese aus der Zeit vor 3600 Jahren stammende Bronzescheibe mit Sonne, Mond und Sternen aus Gold ausgebuddelt. Sie verhökerten ihre Beute an einen Hehler. Und der ging bei dem Versuch, die sensationelle Entdeckung an einen sachverständigen Käufer loszuschlagen, der Polizei in der Bar eines Basler Hotels in die Fänge. Gehörte der Fund ursprünglich zu einem Fürstengrab oder zu einem Schatz von heiligen Gegenständen? Die Experten – hier Restaurator Heiko Breuer – haben aufregende Forschungsjahre vor sich. Die sieben Goldpunkte (unten links) werden als Sternbild der Plejaden gedeutet. Und, so die Vermutung: Der Diskus war am Fundort exakt ausgerichtet auf eine Stelle des Brockens im Harz, hinter der zur Sommersonnenwende die Sonne verschwand

4

Vielflieger im All

Astronaut Jerry Ross war zum siebten Mal im All, das ist Rekord. Die US-Raketenfähre „Atlantis“ katapultierte den 54-Jährigen mit sechs Crew-Mitgliedern im April 2002 zum Zehntage-Trip ins Schwerelose. Am ausgestreckten Arm der internationalen Raumstation ISS hängend installierte Ross, High-tech-Rucksack über den Schultern, einen Scheinwerfer am Labor, das in 380 Kilometer Höhe die Erde umkreist

Mit Gebrüll

Auch im Jahr 2002 war in Mittelerde wieder die Hölle los. „Die zwei Türme“, der zweite Teil vom „Herrn der

und war noch bombastischer und fantastischer als Teil eins. Zu Tausenden machen fiese Visagen wie Hauptmann

das Leben schwer, während nette Nebenfiguren wie das Baumwesen Ent für den besonderen Charme der

ist die Schlacht von „Helms Klamm“. Um das 20-minütige Gemetzel mit angemessenem Getöse zu unterlegen, ließ Regisseur Peter Jackson während eines Cricketspiels das Schreien und Grölen von 25 000 Zuschauern in einem Stadion aufnehmen

Künstler der Lüfte

Sturzflug am Gurt – in atemberaubendem Tempo wirbeln die Artisten des Tanztheaters „De La Guarda" über den Köpfen der Zuschauer, hier bei einer Aufführung in Amsterdam. Die Truppe macht die Luft zur Bühne und versetzt das Publikum mit ihrer Akrobatik in einen poetischen Wachtraum vom Fliegen. Kreiert wurde die Show in der argentinischen Hauptstadt Buenos Aires, dort startete sie zu ihrem Erfolgszug um die Welt

Walsers Wallungen

Das gibt es auch: Ein erfolgreiches Jahr muss nicht unbedingt ein gutes Jahr gewesen sein. Das gilt sicher für den Schriftsteller Martin Walser, dessen Roman „Tod eines Kritikers“, in dem er mit bösem Witz Kritikerpapst Marcel Reich-Ranicki (kleines Bild) karikiert und fast ermorden lässt, sich bis Ende 2002 immerhin 180 000-mal verkauft hat. Doch Walser kann sich nicht freuen – gegenüber dem *stern* bekannte er im Dezember: „Von allen meinen Jahren war es das grellste. Was habe ich getan? Ununterbrochen habe ich mich gerechtfertigt wie ein Angeklagter. Wie ein Verurteilter.“ Angefangen hat der Skandal um das Buch mit einem Ende Mai in der „Frankfurter Allgemeinen Zeitung“ veröffentlichten offenen Brief. Darin wird Walser vorgeworfen, sein Roman sei eine gegen Reich-Ranicki gerichtete „Mordphantasie“. Klar, hatte doch der Kritiker so manches Werk des Schriftstellers arg verrissen. Der schlimmste Vorwurf aber lautete, Walsers Roman sei antisemitisch. Damit war die Katze aus dem Sack – und die Kulturnation hatte für Wochen ihr Debattenthema. Endlos wogten auf den Feuilletonseiten Pro und Contra, meistens kam Walser dabei schlecht weg. Doch als dann Ende Juni das umstrittene Buch endlich auch für Nichteingeweihte zu lesen war, verflüchtigte sich der Pulverdampf – und die neugierigen Leser kauften das Buch, das manche Kulturschaffende am liebsten hätten verschwinden lassen. Ein besonnenes Schlusswort lieferte schließlich der diesjährige Literatur-Nobelpreisträger und Auschwitzüberlebende Imre Kertész. Er verteidigte Walsers hässliche Reich-Ranicki-Karikatur: „Diese Freiheit muss es geben. Deutschland ist reif genug dafür“

Begegnung mit der Vergangenheit

Vor einem Meer von zurückgelassenen Koffern – sie gehören deportierten Juden in dem Film „Der Pianist“ – sitzt während der Dreharbeiten Regisseur Roman Polanski. Er erzählt in dem preisgekrönten Werk das Schicksal des Pianisten Wladyslaw Szpilman, der als Jude in Warschau den Holocaust überlebte – durch glückliche Zufälle und Menschen, die ihm halfen. Szpilmans Autobiografie diente dem Regisseur als Vorlage für einen Film, den er wegen seines eigenen Schicksals schon lange drehen wollte. Als Kind konnte Polanski 1943 aus dem jüdischen Ghetto von Krakau fliehen;

die Eltern wurden ins Konzentrationslager transportiert. Sein Vater überlebte, seine Mutter nicht. Doch diese Erinnerungen waren dem Regisseur zu nahe, zu persönlich, um daraus einen Film zu machen. Erst durch die Person des Klavierspielers war ihm die Wiederbegegnung mit den Schrecken der Vergangenheit möglich, obwohl er manchmal Momente beim Drehen erlebte, in denen er „zurückschreckte“

Keine so schöne Leich

Seit über 170 Jahren hatte es in England keine öffentliche Autopsie mehr gegeben. Der umstrittene Anatomie-Professor Gunther von Hagens schnitt im November die in Formalin getränkte Leiche eines 72-Jährigen auf, löste die Eingeweide heraus und präsentierte sie den Zuschauern, die für die Gruselaktion in der ehemaligen Old-Truman-Brauerei im Londoner East End zwölf Pfund Eintritt bezahlt hatten. Wer will was dagegen haben, wer was dafür? Der Verstorbene hatte eingewilligt

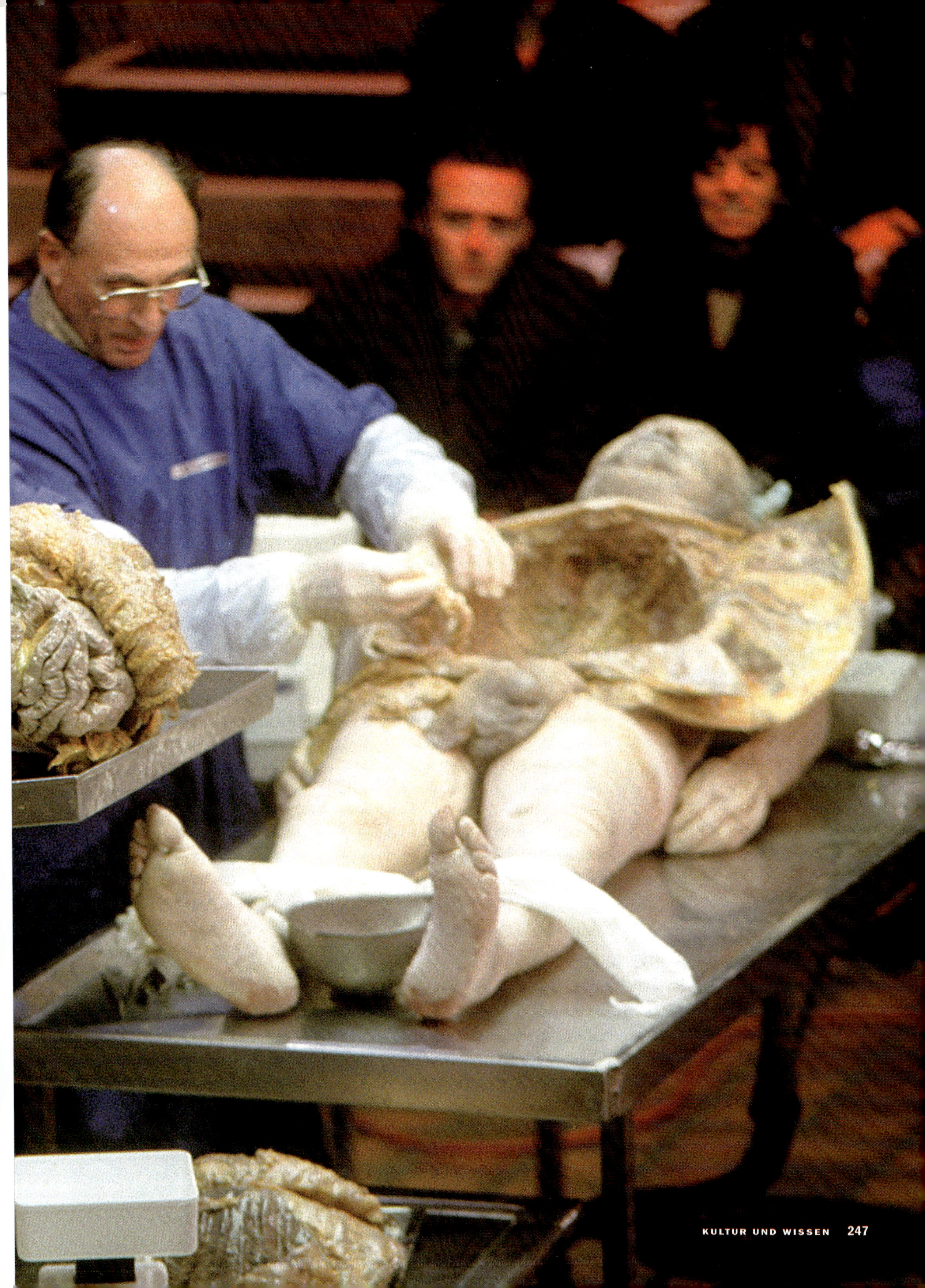

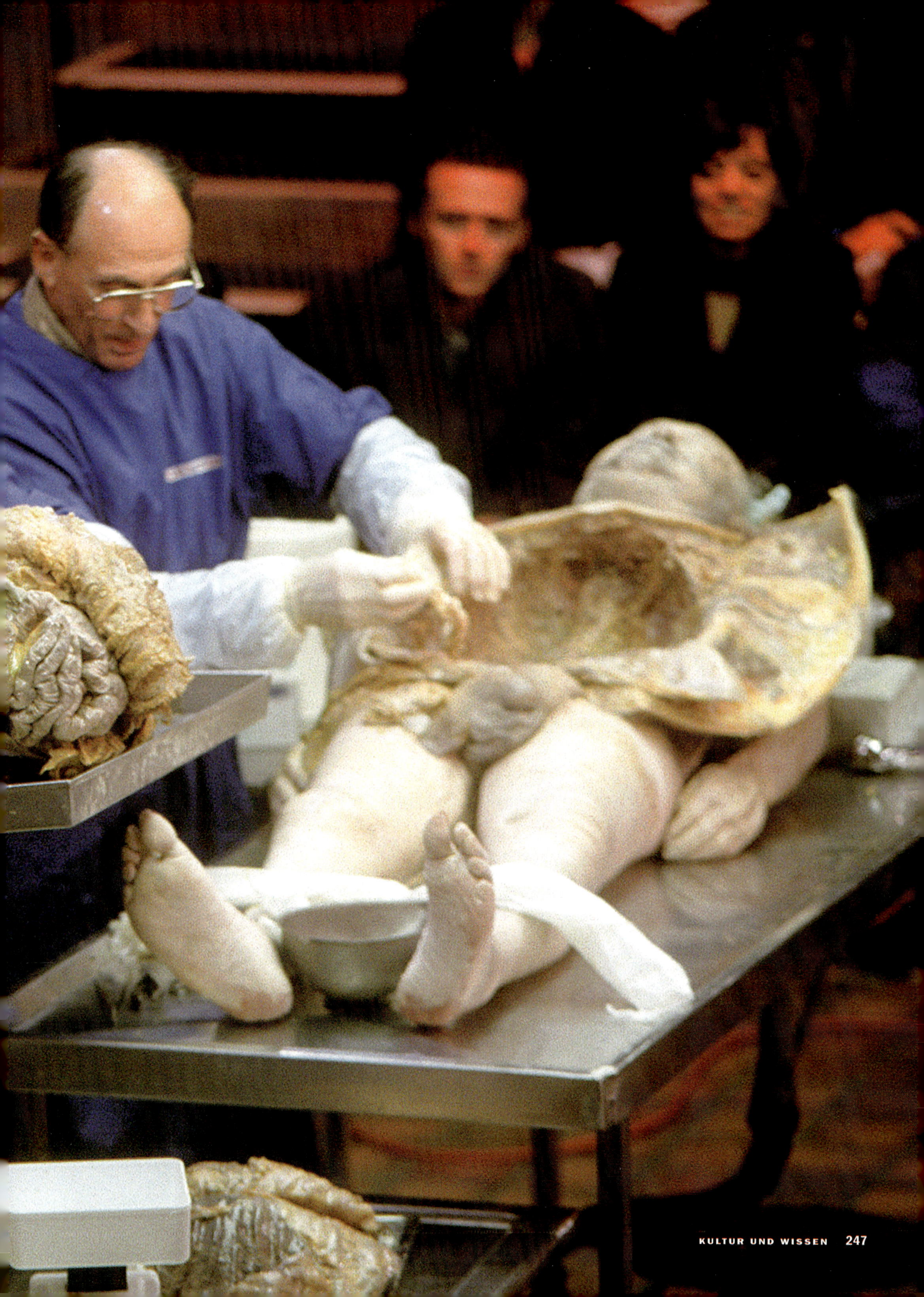

Von Marcel Maerz

Immer Wirbel um Windsor

Prinzessin Diana, Königin der Herzen und Racheengel der Windsors – fünf Jahre nach ihrem Tod verdarb sie der Queen das Jahr ihres Goldenen Thronjubiläums. Und ihrem Ex-Gatten Prinz Charles machte sie es nicht leichter, doch noch einmal König von England zu werden.

Dianas Dienstbote auf Erden heißt Paul Burrell, Butler Ihrer Majestät im Allgemeinen und Dianas im Besonderen. Mit sich brachte er die britische Variante der Pandora-Büchse, jenes mythologische Behältnis, aus dem alles nur erdenkliche Unheil kommt – falls man es öffnet. Aber der Reihe nach.

Am Anfang stand eben jener Burrell vor Gericht, angeklagt, über 300 Gegenstände aus dem Besitz seiner Ex-Arbeitgeberin Di gestohlen zu haben. Der Prozess lief schon ein Jahr, als Ende Oktober, kurz bevor der bis dato diskrete Diener selbst aussagen sollte, die Königin erklärte: Paul ist unschuldig. Plötzlich erinnerte sich die Monarchin wieder, ihm erlaubt zu haben, die Memorabilien zur Verwahrung mit nach Hause nehmen zu dürfen. Man muss dazu wissen: In England werden alle Prozesse im Namen der Königin geführt, „Regina vs Burrell" in diesem Fall. Die Queen ist also Anklägerin – und wenn die zugunsten des Angeklagten aussagt, ist der Prozess vorbei. Burrell war frei. Und die Affäre hatte sich warm gelaufen.

Warum nur, fragte sich die Öffentlichkeit, zog die Königin so krachend die Reißleine? War „Diamond Liz", wie Elizabeth seit ihrem 50. Jubeljahr auch genannt wird, mit dem Alter ein bisschen vergesslich geworden? Oder wollte sie etwas verbergen?

Des Rätsels Lösung ließ nicht lange auf sich warten, denn falls das Manöver den Diener hatte zum Schweigen bringen sollen, war es gründlich danebengegangen. Der frisch entlastete Burrell zögerte nur kurz, seine Palastkenntnisse für eine halbe Million Euro an die „Daily Mail" zu verkaufen. Dianas Liebhaber, berichtete er nun, habe er im Kofferraum nach Kensington Palace schmuggeln müssen. Und noch ungeheuerlicher: Lady Di habe versucht, Prinz Charles' Geliebte Camilla Parker Bowles zu vergiften. Über Charles selbst war zu erfahren, er habe sich bei einer Urinprobe das Röhrchen von seinem Diener halten lassen. Und – shocking! – auf Geheiß Dianas habe der treue Butler Pornos für den damals 14-jährigen Prinz William besorgt.

Das alles waren dirty details, schmutzige Einzelheiten, aber nun kam auch, zumindest in Burrells mündlicher Überlieferung, die erwähnte Büchse der Pandora ans Licht: Ein Mahagonikästchen, in dem Lady Di peinlichste Peinlichkeiten über die Windsors

aufbewahrt hatte, Munition für ihren Krieg gegen die „fucking family“, wie sie die Royals gerne nannte. Darunter soll sich ein Video befunden haben, auf dem ein Unterbutler namens George Smith beichtet, von Charles' engstem Vertrauten, dem Oberbutler Michael Fawcett, betrunken gemacht und vergewaltigt worden zu sein. In einem Interview wiederholte Smith diese Behauptungen und legte noch eins drauf: Es gäbe zudem ein Band, auf dem Di en détail einen hohen Windsor bei schwulem Sex beschreibt.
„Butler Gate“ war auf dem Siedepunkt. Und die Vendetta Lady Dianas traf endlich denjenigen, auf den die Untote es schon immer abgesehen hatte: ihren Ex-Mann Charles. Wie hatte sie unter ihm gelitten. Unter seiner Daueraffäre mit Camilla und darunter, dass er einfach genervt weggeschaut hatte, wenn die labile Bulimikerin mit dem Kopf im Klo nach Hilfe schrie. Jetzt zahlte sie's ihm postum heim.
Neben dem Vorwurf, er habe die vermeintliche Vergewaltigung zu vertuschen versucht, flogen dem ewigen Anwärter auf die Krone nun die Enthüllungen nur so um die Segelohren. So wurde bekannt, dass Charles entbehrliche Geschenke seiner Untertanen schnöde verhökern lässt und so seine Portokasse aufbessert. Und die englische Zeitschrift „Spectator“ ortete eine „schwule Mafia“ im Palast, die in den Gemächern Ihrer Majestät perverse Orgien feiert.
All die Jahre angestrengter PR-Arbeit, die der Hof geleistet hatte, um Charles und Camilla Parker Bowles, die Frau, deren „Tampon“ er so gerne wäre, beim Volk beliebt zu machen, waren in wenigen Tagen zunichte gemacht.
Drei von vier Briten gaben in Herbst-Umfragen an, dem Thronfolger zu misstrauen. Und selbst die stets königstreue Tageszeitung „Times“ wünschte „Carlo Tamponcino“, so sein italienischer Spitzname, ins toskanische Exil.

Peinliches aus dem Palast und über Prinz Charles

Dass der Kron-Zeuge der Affäre, George Smith, ein mittelschlecht beleumdeter Ex-Alkoholiker ist, der schon mal einige Herren fälschlich seiner Vergewaltigung bezichtigte – egal. Dass die Bänder mit den Beichten und Beschuldigungen allesamt verschwunden sind – geschenkt. Wieder einmal haben in der Reality-Soap um die erste Sippe Britanniens die schlechten Zeiten die guten abgelöst. Wieder einmal musste Elizabeth II. ein „annus horribilis“, ein schreckliches Jahr, ertragen – und das ausgerechnet zu ihrem Thronjubiläum. Und wieder war es Diana, die „dumme Kuh“, wie Ihre Majestät sie einst nannte, die ihr das eingebrockt hatte, wenn auch nur indirekt. Ob sich die Monarchin angesichts des royalen Desasters wohl an die Worte ihrer jüngst verstorbenen Mutter erinnert haben wird? Die selige Queen Mum hatte über das Phänomen Di sinniert, wie es bloß kommen konnte, dass „dieses Mädchen tot noch ärgerlicher ist als lebendig“.

Prinz unter Monarchen

Wäre ich doch auch ein Schmetterling – mag der daheim immer wieder von Skandalen geplagte Briten-Prinz und Naturfreund gedacht haben, als er auf einer Reise durch Süd- und Mittelamerika das Schutzgebiet der Monarchfalter in Chincua besuchte. Jedes Jahr im Herbst wandern riesige Schwärme der Schmetterlinge aus Kanada und den USA nach Mexiko, um in den Hochtälern der Sierra Madre zu überwintern. Zehn bis zwölf Millionen Falter pro Hektar überziehen dann die Bergwälder mit einem Schleier in Orange und Schwarz. Vor den anstrengenden Feierlichkeiten zu Mamas Thronjubiläum und der unerquicklichen Butler-Affäre dürfte der flirrende Tagtraum im exotischen Wald einer der schöneren Augenblicke für Thronfolger Charles gewesen sein

Ein Idol kommt vor den Kadi

Die Haare verwuschelt wie ein Model, der Anzug tadellos: Vor dem Landgericht München steht ein prominenter Angeklagter. Mal richtet sich sein Blick zerknirscht zu Boden, mal lächelt er selbstbewusst in die Kameras. Boris Becker ist der Steuerhinterziehung in den Jahren 1991 bis 1993 angeklagt, es geht um 1,7 Millionen Euro. Mittlerweile 34 Jahre alt, liegt Beckers erster Wimbledon-Sieg schon ein halbes Leben zurück. Längst ist aus dem

ehemaligen Tenniskünstler ein Medienstar geworden, der seine Frauen mitunter so fröhlich wechselt wie seine Frisuren. Als das Urteil verkündet wird, stockt Becker der Atem. Die Entscheidung in seinem „härtesten Match“, wie er sagt, ist gefallen – es wird sein „wichtigster Sieg“. Er muss zwar 500 000 Euro Buße zahlen, bekommt zwei Jahre Haft – doch auf Bewährung. In den Knast muss er nicht. Er verlässt den Saal 101 des Landgerichts als freier Mann

Venus in der Falle Und bunt lockt Shakira, von Pop-Fotograf David LaChapelle in ein Riesenmodell der fleischfressenden Pflanze Sonnentau gezaubert. Die aus Kolumbien stammende Sängerin und furiose Bauchtanz-Maid mit der blond gefärbten Mähne, in Lateinamerika schon lange ein Idol, erobert nun mit englischsprachigen Songs wie „Whenever Wherever" und „Objection (Tango)" die Hitparaden in Europa

Auf den Pelz gerückt

Etwas unfroh guckt Gisele Bündchen aus der Unterwäsche, als in New York vier Tierschutz-Aktivistinnen den Laufsteg besetzt halten – „Gisele: Fur Scum“, „Pelz-Abschaum“, steht auf ihren Plakaten. Die alljährliche Glamour-Show der Dessousfirma „Victoria's Secret“ gilt als eines der schickeren New Yorker Society-Ereignisse. Die Demonstrantinnen von „People for the Ethical Treatment of Animals“ behelligten das Publikum allerdings nur kurz; Ziel ihres Protests war Topmodel Bündchen persönlich, die wohl prestigeträchtigste Werbeträgerin für Pelze. Das Model ist sich keiner Schuld bewusst: „Ich bin die größte Tierfreundin der Welt“, sagt die 22-Jährige und trägt auch in ihrer Freizeit Nerz. Genauso wie Madonna und andere Stars. Denn Pelz ist bei den Schönen und Reichen wieder angesagt

ISELE:
SCUM
GISELE
FUR
SCUM

Nicht normal ist cool

Papa Ozzy ist eine halbtaube Heavy-Metal-Legende, an der die Drogen alles andere als spurlos vorübergegangen sind; Tochter Kelly will selbst ein Rockstar sein; Sohn Jack kifft heimlich auf dem Klo; Mutter Sharon kämpft reichlich exhibitionistisch mit ihrem Darmkrebs. Und die Nachbarn gelten als Schwachköpfe, die Volksmusik hören. Willkommen in der Welt der Osbournes, der hässlichen First Family des Fernsehens. Anfang 2002 bekommt der Clan um „Black Sabbath"-Gründer Ozzy Osbourne eine eigene Show auf MTV und beschert dem Musiksender weltweit Traumquoten – und die irre Sippe, deren Lieblingsformel „nicht normal" ist, wird Kult

Mensch Herbert

Nachdem 1998 innerhalb einer Woche erst sein Bruder Wilhelm und dann seine Frau Anna starben – der Bruder hatte Leukämie, sie Brustkrebs –, war es still geworden um Herbert Grönemeyer, kaum Auftritte, kein neues Album. Doch nach einer Pop-Ewigkeit von vier Jahren meldete sich der Barde im Sommer zurück und bewies: Er ist immer noch ein Superstar. Für sein neues Album „Mensch" lagen so viele Vorbestellungen vor, dass Grönemeyer bereits Platin hatte, als die CD noch gar nicht zu kaufen war. Und die gleichnamige Single wurde so etwas wie die inoffizielle Deutschland-Hymne 2002 – „Nichts ist wirklich wichtig, nach der Ebbe kommt die Flut." Wo auch immer Grönemeyer eines seiner stets ausverkauften Konzerte gibt – das Publikum singt begeistert mit. Der Mann hat einen Nerv getroffen: Die Nation menschelt

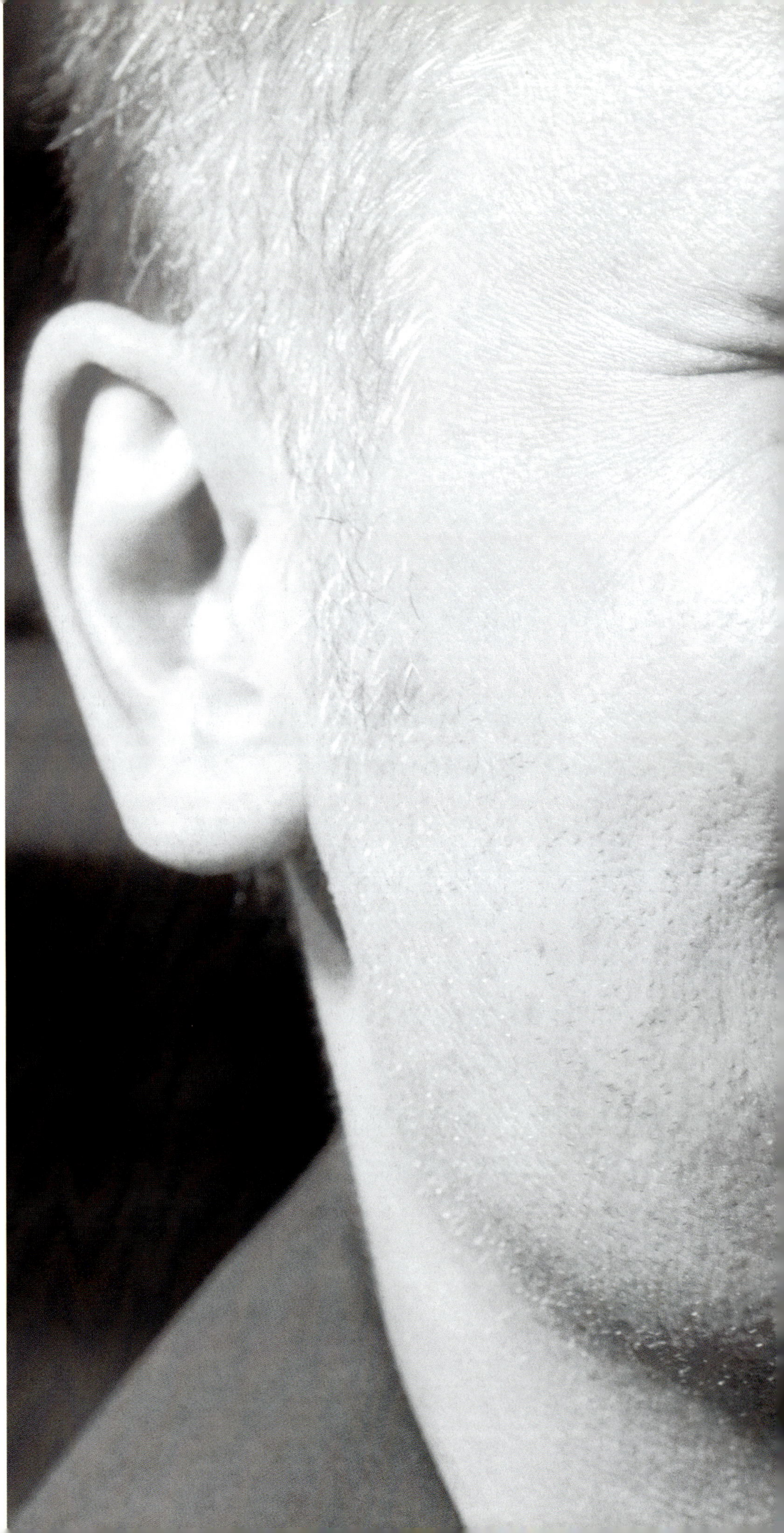

Nackedeis für Tote Hosen

Ein ganz besonderes Geschenk zum 20-jährigen Bestehen ihrer Band bekamen die Toten Hosen von dem Fotokünstler Andreas Gursky. Für zwei Tage holte er die Punk-Rocker in sein Düsseldorfer Atelier, wo er sie inmitten von 75 nackten Frauen fotografierte. Das Panoramabild, auf dem (v. l. n. r.) die Gitarristen Breiti und Kuddel, Sänger Campino, Bassist Andi und Drummer Vom posieren, ist auch ausklappbares Cover der „Hosen"-CD „Reich und Sexy II – Die fetten Jahre"

hell

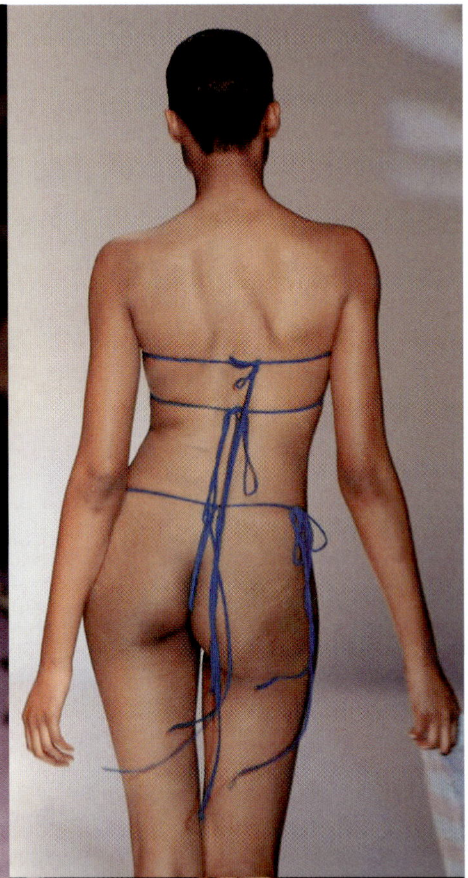

Brust rein, Po raus

Bahn frei für den Allerwertesten. Nachdem die Modemacher in den vergangenen Jahren ihre Models reihenweise oben ohne über die Laufstege geschickt hatten, waren in den Herbstschauen 2002 die hinteren Rundungen dran. Die halben Minis, winzigen Kleidchen und zarten Strings verdeckten fast nichts. Auf nackte Brüste wollten manche Modemacher bei ihren Models freilich nicht verzichten, doch das hat die Fotografen nicht mehr so interessiert

Schüchterne Schritte ins Rampenlicht

Was für ein Schmollmund, dazu die Stupsnase und die großen, blauen Augen – die Schönheit der Charlotte Casiraghi ist kein Geheimnis mehr, auch wenn Caroline von Monaco ihre Tochter aus zweiter Ehe wie ihren Augapfel hütet. Die Klatschpresse reißt sich um die 16-Jährige, die ihrer Großmutter Grace Kelly so verblüffend ähnelt. Aber es gibt keine Interviews, ihr Privatleben ist tabu. Und Fotografen gelingt höchstens mal bei offiziellen Anlässen ein Beauty Picture wie hier auf einer Gala zu Gunsten der Organisation „Médecins du monde“ im Rathaus von Paris

Beinharte Show

Heather Mills war gekommen, um beim amerikanischen Star-Talker Larry King in dessen CNN-Show ihre Autobiografie „A Single Step" („Ein einziger Schritt") vorzustellen – und auch, um ihren Kampf gegen Landminen kund zu tun („No more land mines", steht auf ihren T-Shirt). Mitten im Gespräch präsentierte sie ihre Beinprothese, die sie seit einem Unfall trägt. Charmeur King griff gleich zu. „Sie dürfen ruhig anfassen", sagte sie und meinte dann lächelnd, dass ihr Mann die Grabbelei allerdings gar nicht witzig finden würde. Ihr Mann, das ist der 60-jährige Beatles-Veteran Paul McCartney, der im Sommer das 26 Jahre jüngere Ex-Fotomodell heiratete, vier Jahre nach dem Tod seiner ersten Frau Linda McCartney

Ein Schandmaul kommt zu Ehren

Schon seltsam, wie sie ihn jetzt plötzlich alle – und nicht nur die Groupies auf dem Foto – ins Herz geschlossen haben. „Ein amerikanisches Idol“ nennt das „New York Times“-Magazin den Musiker Eminem, bürgerlich Marshall Mathers III. Andere sehen in ihm gar den „John Lennon seiner Generation“. Scheint ganz so, als habe Amerika mit dem Skandal-Rapper und Pop-Staatsfeind Nummer eins Frieden geschlossen. Eminems Erfolg mit weltweit 30 Millionen verkauften Platten nutzt nun sogar die US-Regierung, um die Jugend der Welt für sich einzunehmen: Im Sommer 2002 ließ sie seine Songs für eine Amerika-Image-kampagne im Nahen Osten spielen. Aus dem Schandmaul, Bürgerschreck und Horror aller Eltern und Konservativen ist ein Botschafter des „American Way of Life“ geworden

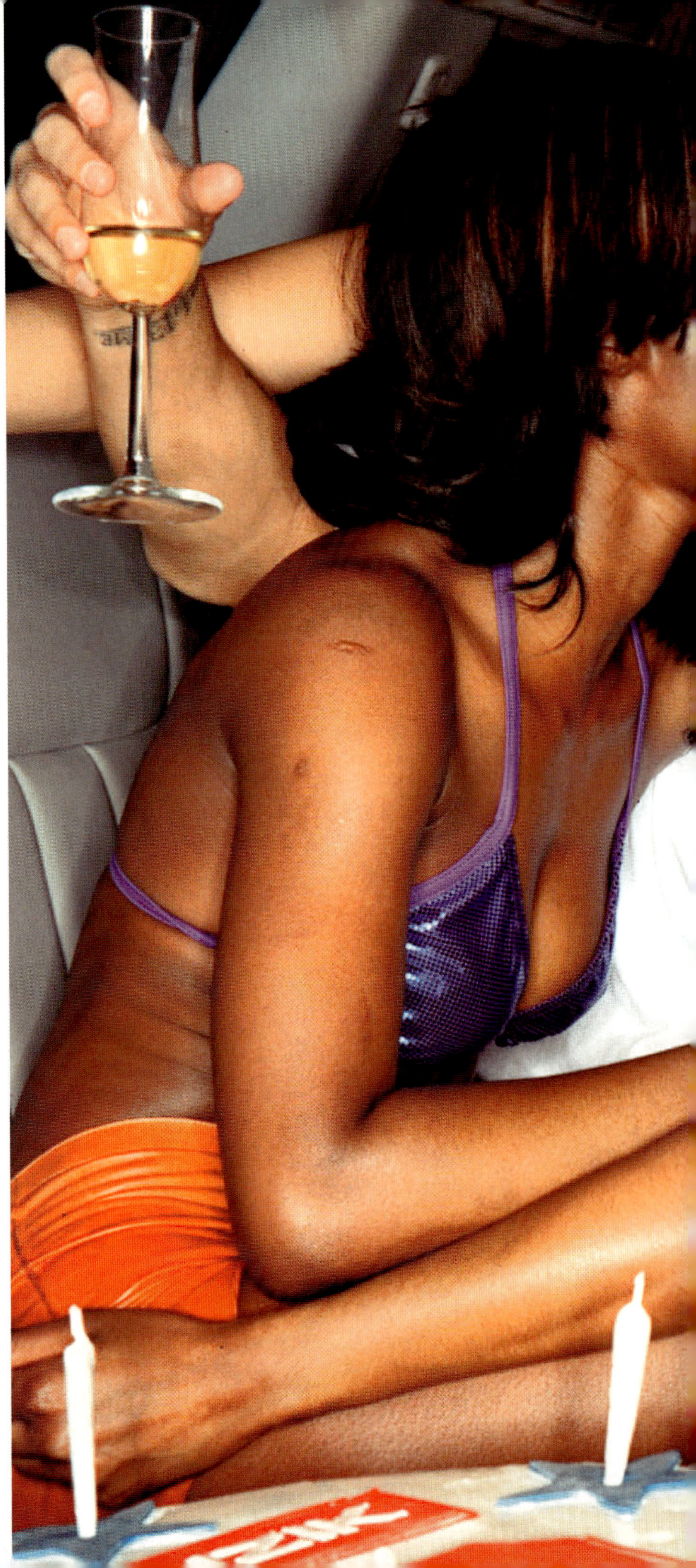

Hauptsache, es knipst

Irgendwas war los mit Sharon Stone? Nur was? Auf dem roten Teppich beim Filmfestival in Cannes gebärdete sich der Hollywoodstar, immerhin Mitglied der Jury, plötzlich wild divenhaft. In exaltierten Posen, die kein Ende nehmen wollten, beugte sie den Oberkörper nach hinten, schüttelte die Blondmähne und wollte den Teppich ganz allein für sich haben – bis das Blitzlichtgewitter der Fotografen-Hundertschaft über sie hereinbrach. Das war's: Mehr hatte sie nicht gewollt

Jacko ballaballa

Michael Jackson im Pech. Erst wurde der erfolgreichste Musiker der 80er Jahre von einem Konzertveranstalter auf gut 20 Millionen Dollar verklagt. Dann drohte seine operierte Nase Stück für Stück aus dem Leim zu gehen. Nächstes Malheur: In Berlin, wo er im November mit dem Bambi ausgezeichnet wurde, wollte er den Fans am Hotelfenster der Präsidentensuite im dritten Stock des Hotels Adlon seinen Sohn Prince Michael II. zeigen – der Kleine rutschte ihm dabei fast aus den Armen. Wieder zurück in Amerika, biss ein Tier Jackson in den Fuß. Der Erfinder des „Moonwalk" musste an Krücken gehen. Dabei war es angeblich nur eine Hausspinne – aber bei Jacko wird eben alles zum großen Drama

Super-Girl

Für einen kleinen Film erhielt sie als erste schwarze Schauspielerin den Oscar für die beste Hauptrolle – bei der Verleihung zerfloss Halle Berry in Tränen. Ihr Glück wurde komplett durch den Kassenerfolg von „Stirb an einem anderen Tag“, in dem sie das neue Bond-Babe mimt. Aber sie bleibt sich treu: Als Nächstes ist wieder ein kleiner ernster Film dran...

GESTORBEN

Abu Nidal

Er galt als einer der gefährlichsten Terroristen, war Anführer des „Fatah-Revolutionären Rats“, der für weltweite Anschläge verantwortlich gemacht wird. Der Palästinenser starb im August mit 65

Milton Berle

Viele Amerikaner kauften sich in den 50er Jahren seinetwegen überhaupt erst ein TV-Gerät. „Onkel Miltie“ war der größte Komiker des frühen US-Fernsehens. Im März starb er im Alter von 93 Jahren

James E. Best

In Fernsehspots drückte er Zahnbürsten auf Tomaten – und wurde berühmt. Den weißen Kittel trug er auch im wirklichen Leben: als Professor für Zahnheilkunde in den USA. Er starb im Juni mit 78

Erwin Chargaff

„Wir Menschen haben ein immer kürzeres Gedächtnis unc immer längere Magnetbänder“, sagte er einmal. Als Biochemike trieb er die Genforschung voran seine Kulturkritik verhallte. Er starb im Juni mit 96

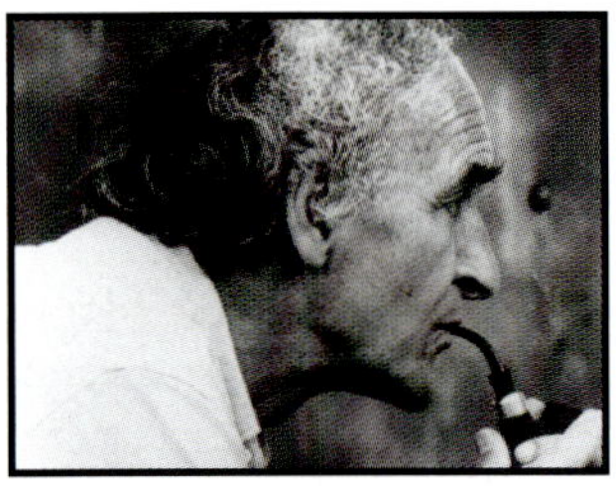

Eduardo Chillida

Der Baske, einer der bedeutendsten Bildhauer der Gegenwart, wurde besonders in Deutschland geschätzt. Für das neue Bundeskanzleramt schuf er die Großplastik „Berlin“. Er starb im August, 78 Jahre alt

Claus Prinz der Niederlande

Als er 1966 Königin Beatrix heiratete, hassten die Holländer den Deutschen. Doch mit den Jahren gewann der „traurige Prinz“, stets von Depressionen geplagt, ihre Herzen. Er starb im Oktober mit 76 Jahren

James Coburn

Berühmt wurde er als maulfauler Messerwerfer in „Die glorreichen Sieben“. Der coole, schlaksige Star war eines der großen Raubeine des Westernfilms. Er starb im November mit 74 Jahren

Klaus Croissant

Umstrittener Verteidiger von RAF-Terroristen, wurde 1979 zu 30 Monaten Haft verurteilt. Wegen Spionage für die Stasi erhielt er später 21 Monate Freiheitsstrafe auf Bewährung. Er starb im März mit 71 Jahren

Johannes Joachim Degenhardt

Der Paderborner Erzbischof galt als besonders konservativer Kirchenmann, der vehement gegen die Abtreibung war. 2001 wurde er zum Kardinal berufen. Er starb im Juli mit 76

Ivan Desny

Oft spielte der Schauspieler den Grandseigneur mit Vergangenheit. Er drehte mit Ingrid Bergman und Catherine Deneuve, prägte Filme von Antonioni und Fassbinder. Im April starb er mit 79 Jahren

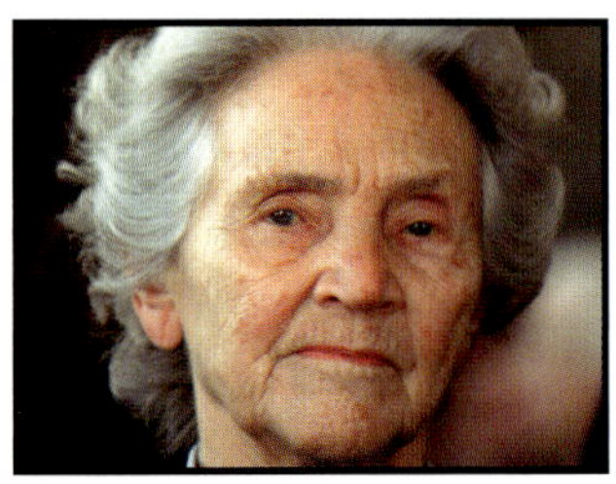

Marion Gräfin Dönhoff

Geboren in Ostpreußen. Geflohen, als die Sowjets anrückten. Eine der ersten Stimmen der Versöhnung mit dem Osten. Die Chefredakteurin der „Zeit“, politisches Gewissen der Republik, starb im März mit 92

Heinz Drache

Er war der „Kommissar in Nadelstreifen“, der nachdenk liche Herr mit der Pfeife im Mundwinkel – in rund 20 Edga Wallace-Krimis, den „Halstuch Filmen und im „Tatort“. Im April starb er mit 79 Jahren

Rudolf Augstein

Den „Spiegel", den er 1947 gründete, machte er in der Bundesrepublik zum „Sturmgeschütz der Demokratie". Als Herausgeber des Magazins prägte er entscheidend den kritischen Journalismus in Deutschland. Die „Spiegel-Affäre" 1962/63 trug ihm – zu Unrecht – den Vorwurf des Landesverrats ein und brachte ihn für Monate in Untersuchungshaft. Augstein starb im November mit 79 Jahren

Alfred Dregger

„Freiheit statt Sozialismus" – mit derlei Slogans wurde er zur CDU-Größe – aber nie Minister. Der stramme Konservative, als Hauptmann im Weltkrieg viermal verwundet, starb im Juni mit 81 Jahren

Königinmutter Elizabeth

Die beliebteste aller Windsors, verehrt als eine Frau mit Mut. Nie vergaßen die Briten, dass sie 1940 trotz deutscher Bomben auf London und den Palast die Stadt nicht verließ. Sie starb im März mit 101 Jahren

John Entwistle

Seit der Gründung von „The Who" 1964 spielte er den Bass bei der innovativen Band, die Provokation und Show liebte. Stets war er der Stille unter den englischen Rockern. Im Juni starb er mit 57 Jahren

Pim Fortuyn

Der rechtspopulistische Politiker war wegen seines ausländerfeindlichen Wahlkampfs in den Niederlanden heftig umstritten. Wenige Tage vor den Parlamentswahlen wurde der 54-Jährige im Mai erschossen

John Frankenheimer

Er war ein Meister des Thrillers. Knallhart und düster, so liebte es der US-Regisseur, wie in „French Connection II“ von 1975 oder einem seiner letzten großen Kinofilme „Ronin“. Er starb im Juli, 72 Jahre alt

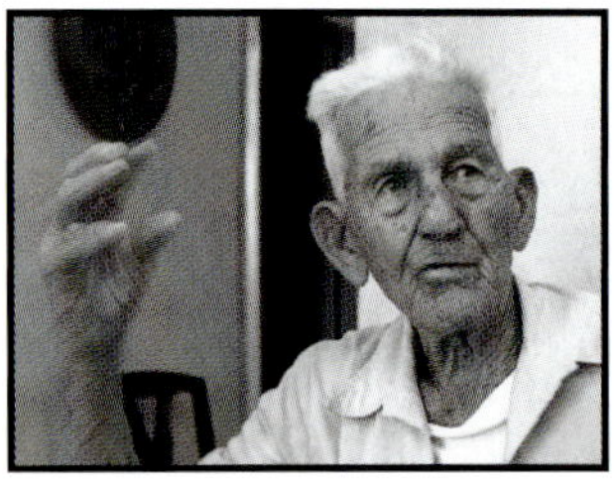

Gregorio Fuentes

Als einsam-heroischen Fischer verewigte ihn sein Freund Ernest Hemingway in „Der alte Mann und das Meer“. Später war der Kubaner für Jahrzehnte eine Touristenattraktion. Er starb im Januar, 104 Jahre alt

Hans-Georg Gadamer

Er war einer der bedeutendsten Philosophen des 20. Jahrhunderts. Das Hauptwerk des Heidegger-Schülers trägt den programmatischen Titel „Wahrheit und Methode“ (1960). Er starb im März, 102 Jahre alt

John Gotti

Als dem Star der Mafia-Bosse 1992 in New York der Prozess gemacht wurde, kamen Promis von Anthony Quinn bis Mickey Rourke. Lebenslänglich bekam er dennoch. Der 61-Jährige starb im Juni

Lionel Hampton

Der Virtuose am Vibrafon setzte Standards für Jazz-Generationen. Mit Benny Goodman und Louis Armstrong nahm er einige der größten Hits des Swing auf. Er starb im August mit 94 Jahren

Ruth Handler

Die Liebe von Millionen von Mädchen und der Hass der Feministinnen waren ihr sicher: Sie kreierte 1959 die erste Barbie-Puppe, von der weltweit eine Milliarde verkauft wurde. Im April starb sie mit 85

Richard Harris

Seine größte Rolle spielte er in „Der Mann, den sie Pferd nannten“. Unvergessen bleibt der irische Schauspieler auch als Dumbledore in der „Harry Potter“-Verfilmung. Harris starb im Oktober mit 72

Alfred Heineken

Mit viel Werbe-Genie machte der holländische Industrielle eine kleine grüne Flasche zum Kultobjekt in den USA – und seine Brauerei zu einer der größten der Welt. Er starb im Januar in Alter von 78 Jahren

Thor Heyerdahl

Er war der Praktiker unter den Achäologen. So überquerte er 1947 mit dem Floß „Kon Tiki“ den Stillen Ozean, um zu beweisen, dass Indianer den Pazifik besiedelt hatten. Er starb im April mit 87 Jahren

Marianne Hoppe

„Der Schimmelreiter“ und „Romanze in Moll“ machten die herbe Diva, die einige Jahre mit Gustaf Gründgens verheiratet war, zum Ufa-Star. Bis ins hohe Alter spielte sie Theater. Im Oktober starb sie mit 94

Paul Hubschmid

Als Professor Higgins gab er „My Fair Lady“ Sprachunterricht, er war Mit-„Tiger von Eschnapur“, brachte Leben in die „Zürcher Verlobung“. Der „schönste Mann des deutschen Films“ starb im Januar mit 84

Ivan Illich

Der Querdenker studierte Geschichte, Philosophie, Theologie und Kristallografie. War Armenpriester, Zivilisationskritiker und Reformpädagoge. Lehrte seit 1991 in Bremen. Starb im Dezember mit 76

Astrid Lindgren

Sie schuf nicht nur 1945 die unsterbliche „Pippi Langstrumpf", sondern auch Kalle Blomquist, „Karlsson vom Dach", „Michel aus Lönneberga", „Die Kinder aus Bullerbü", die Räubertochter Ronja und viele andere, Kindern in aller Welt gut vertraute Figuren. In ihren erfolgreichen Büchern gelang ihr eine wunderbare Mischung von märchenhaftem und realistischem Ton. In Schweden war sie auch deswegen eine Heldin, weil sie sich immer ebenso trotzig wie heiter als große Individualistin behauptete. Astrid Lindgren starb im Januar im Alter von 94 Jahren

Traudl Junge

Sie war ab 1942 drei Jahre lang Hitlers Sekretärin. Kochte Kaffee, tippte Briefe und zuletzt das „Politische Testament" des Führers. Ihre Erinnerungen waren 2001/02 ein Bestseller. Sie starb im Februar mit 81

Hildegard Knef

1948 war sie erstes Cover-Girl des *stern*, als „Sünderin" erschien sie – 1951 ein Skandal – für Sekunden nackt auf der Leinwand. War Schauspielerin, Sängerin, Autorin – Weltstar. Im Februar starb sie mit 76

Manfred Köhnlechner

1970 brach er seine Managerkarriere ab, um Heilpraktiker zu werden. Der Alternativ-Doktor wurde von vielen Patienten verehrt, von Medizinern jedoch gering geschätzt. Er starb im April mit 76 Jahren

Peggy Lee

Mit „Fever" landete die amerikanische Jazzsängerin einen Welthit. Und das mit Gefühl und Understatement – ihre Mittel: Fingerschnippen und eine kühle, sexy Stimme. Sie starb im Januar mit 81 Jahren

GESTORBEN

Gerhard Löwenthal

Der „radikale Konservative" (Selbstbeschreibung) polarisierte bis 1987 als Antikommunist und Reizfigur der Linken 20 Jahre lang die Fernsehrepublik. Er starb kurz vor seinem 80. Geburtstag im Dezember

Klaus Löwitsch

Der „Macho der Nation" war ein schwieriger Mensch, aber auch ein exzellenter Schauspieler – nicht nur in Fassbinder-Filmen und als „Peter Strohm" im Fernsehen. Er starb im Dezember mit 66 Jahren

Linda Lovelace

Vom Ehemann gezwungen, drehte sie „Deep Throat". Der Film brachte Geldregen für den Produzenten, nicht für Linda. Fortan kämpfte sie gegen Porno. Sie starb im April mit 53 Jahren nach einem Autounfall

Charlotte von Mahlsdorf

Eine weißhaarige Dame mit bürgerlichem Namen Lothar Berfelde, als Transvestit eine Berliner Berühmtheit. Schuf ein Museum. Bekam das Bundesverdienstkreuz. Starb im Mai mit 74 Jahren

Elisabeth Mann Borgese

Sie trat aus dem Schatten ihres Vaters Thomas Mann, ging ihren eigenen Weg: als Pianistin und Professorin für Internationales Seerecht. 2001 wirkte sie beim TV-Spiel „Die Manns" mit. Sie starb mit 83 im Februar

Prinzessin Margaret

Enttäuschungen überschatteten das Leben der jüngeren Schwester der Queen. Sie durfte ihre große Liebe nicht heiraten, die Ehe mit einem anderen Mann zerbrach. Im Februar starb sie im Alter von 71 Jahren

Winnie Markus

Mit 18 wurde sie entdeckt. Nach 1945 feierte sie Triumphe mit O. W. Fischer, Curd Jürgens und Rudolf Prack, wurde zur „Grande Dame" des deutschen Films der Nachkriegszeit. Sie starb im März, 80 Jahre alt

Roberto Matta

Das Wandbild „Die Zweifel der drei Welten" für das Unesco-Gebäude in Paris ist sein berühmtestes Werk. Der Chilene, einer der letzten großen Surrealisten, starb im November mit 91 Jahren

Wolfgang Mischnick

Der FDP-Politiker aus Sachsen floh 1948 in den Westen. Er war von 1961–1963 Bundesminister für Vertriebene, 1964–1988 stellvertretender Bundesvorsitzender seiner Partei. Er starb im Oktober mit 81 Jahren

Dudley Moore

Der englische Schauspieler mit dem schrulligen Charme quälte sich durch viele alberne Hollywood-Streifen. Als Komödienheld glänzte er neben Liza Minnelli in „Arthur". Er starb im März, 66 Jahre alt

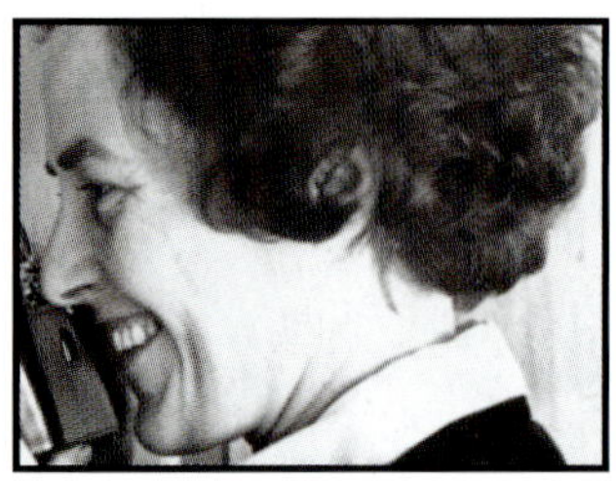

Inge Morath

Sie wurde in Graz geboren, lebte in den USA und war mit ihren Porträts und Reportagen eine der Großen unter den Fotografinnen – und die Frau des Autors Arthur Miller. Sie starb im Januar mit 78 Jahren

George Nader

In Hollywood begann er seine Karriere, doch Filmstar wurde e in Deutschland: Groß und gut gebaut, verkörperte er in acht Filmen den Detektiv „Jerry Cotton". Im Februar starb er im Alter von 70 Jahren

Niki de Saint Phalle

Tausende von bunten, fülligen Nanas aus Polyester schuf die geborene Französin mit amerikanischer Staatsbürgerschaft, daneben auch riesige Plastiken, die sie mit Mosaiksteinen besetzte. Ein liegendes, sechs Tonnen schweres Überweib nannte die Künstlerin „Die größte Hure der Welt" – und wurde damit auf einen Schlag berühmt: Durch die Öffnung zwischen den Schenkeln spazieren auch heute noch täglich 2000 Besucher in das Stockholmer Moderna Museet. Auch in Hannover, Paris, New York und vielen anderen Städten der Welt stehen Werke von Niki de Saint Phalle. Sie starb im Mai mit 71 Jahren

ˌuise Rinser

ˌMitte des Lebens", „Daniela", ˌMirjam" – ihre Bücher er-ˈeichten Millionenauflagen. Sie ˌchrieb gern über rebellische ˈrauen. Ihre Autobiografie ˌieß „Den Wolf umarmen". Sie ˌtarb im März mit 90 Jahren

Herb Ritts

Der Sohn reicher Eltern aus Los Angeles wurde als Autodidakt vor allem mit seinen Star-Aufnahmen zum großen Zeitgeist- und Glamour-Fotografen der 80er und 90er Jahre.
Er starb im Dezember mit 50

Henry Slesar

Der witzige New Yorker Erzähler und Krimiautor produzierte 500 Kurzgeschichten, 55 Hörspiele und mehr als 100 Drehbücher, die Hälfte davon für Alfred Hitchcock. Er starb im April mit 74 Jahren

Rod Steiger

Held, Verrückter, Priester – der US-Schauspieler brillierte in den verschiedensten Rollen. Seine Meisterleistung gab er als rassistischer Sheriff in dem Film „In der Hitze der Nacht".
Er starb im Juli, 77 Jahre alt

GESTORBEN

Richard Stücklen

Der CSU-Politiker war von 1957 bis 1966 Bundespostminister, 1967–1976 Vorsitzender der Landesgruppe seiner Partei in Bonn; von 1979 bis 1983 amtierte er als Präsident des Bundestages. Er starb im Mai mit 85 Jahren

Hans-Heinrich Thyssen-Bornemisza

Der Stahl-Erbe gab seine Millionen vor allem für Kunst aus. Sein Vermächtnis: eine grandiose Sammlung in dem 1992 eröffneten Museum in Madrid. Er starb im April mit 81

Lotte Ulbricht

Die Witwe des ehemaligen DDR-Staatschefs war schon mit 18 bei der KPD. Nach der Wende schwieg sie über ihr Leben und blieb als PDS-Mitglied den alten Idealen treu. Sie starb im März mit 98

Siegfried Unseld

Er schuf mit seinem Verlag die „Suhrkamp-Kultur", veröffentlichte Spitzentitel der deutschen Nachkriegsliteratur – und machte aus Brecht und Hesse Bestseller. Er starb im Oktober mit 78 Jahren

Barbara Valentin

Sie begann als Fernsehstarlet, drehte dann biedere Erotikfilme. Unter der Regie von R. W. Fassbinder avancierte die Münchner Skandalnudel zur Cineasten-Kultfigur. Im Februar starb sie mit 61 Jahren

Fritz Walter

Er spielte den „tödlichen Pass", als der noch gar nicht erfunden war, und wurde 1954 Fußball-Weltmeister. Die Nation bejubelte das „Wunder von Bern" – er blieb einfach „de Fritz". Im Juni starb er mit 81 Jahren

Günter Wand

Erst nach der Pensionierung als Generalmusikdirektor in Köln 1974 begann die internationale Dirigentenkarriere des Perfektionisten, der Bruckner und Brahms meisterhaft interpretierte. Er starb im Februar mit 90

Horst Wendlandt

Er war einer der großen deutschen Filmproduzenten. Mit Edgar-Wallace-Krimis und der Winnetou-Saga machte er Kasse, mit dem Mut zu Fassbinder Kunst. Er starb im August im Alter von 80 Jahren

Gerhard Wessel

Der Pfarrersohn leitete 1968 bis 1978 den Bundesnachrichtendienst. In seine Amtszeit fiel die Affäre um DDR-Spion Günter Guillaume, die mit schuld an Willy Brandts Rücktritt war. Wessel starb im Juli mit 88

Gert Westphal

Goethe, Fontane, Thomas Mann – wenn er deren Werke las, war es ein „akustisches Ein-Mann-Theater", schrieb die „Zeit". Der „Vorleser der Nation" starb im November mit 82 Jahren

Billy Wilder

Der in Wien aufgewachsene Autor und Regisseur war Hollywoods Komödien-Genie. „Manche mögen's heiß", „Eins, zwei, drei" – nur zwei seiner vielen Meisterwerke. Er starb im März mit 95 Jahren

Helmut Zacharias

Schon als Sechsjähriger trat er auf. Später kreierte der Geiger, der zunächst Jazz spielte, eine höchst populäre Unterhaltungsmusik, komponierte 400 Melodien, verkaufte 13 Millionen Platten. Er starb im Februar mit 82

Das war 2002

Eine Chronik der wichtigsten Ereignisse des Jahres

Zusammengestellt von Angelika Franz

JANUAR

1. Januar

■ Um Mitternacht stehen die Menschen in langen Schlangen vor den Geldautomaten von zwölf europäischen Ländern, um sich die ersten Euro-Scheine zu holen.
■ In Argentinien tritt Eduardo Duhalde als fünfter Staatspräsident des Landes binnen zwei Wochen die Nachfolge von Rodríguez Saá an.

2. Januar

■ Die Entdeckung eines bierfassgroßen Behälters mit Iridium 192 wird im amerikanischen St. Rose (Louisiana) als Zwischenfall der Stufe drei auf der siebenstufigen Skala für internationale Atomunfälle registriert. Sein radioaktiver Inhalt stammt aus Schweden und übersteigt die nach US-Standards zulässige Höchststrahlung um das 2000fache.
■ Das erste Erkundungsteam der Internationalen Schutztruppe für Afghanistan (ISAF) trifft in Kabul ein. Darunter befinden sich auch neun Offiziere der Bundeswehr.
■ Beim Spiel mit einem zuvor im Supermarkt geklauten Messer ersticht eine Zwölfjährige in Mönchengladbach versehentlich ihren 15-jährigen Freund.

3. Januar

■ Ein israelisches Sonderkommando beschlagnahmt im Roten Meer ein Schiff mit Waffenlieferungen an die Palästinenser im Wert von mehreren Millionen US-Dollar.
■ Seit Beginn eines Ebola-Ausbruchs in Gabun und Kongo sind bereits 32 Menschen mit der Seuche infiziert. Insgesamt fordert der Ausbruch 25 Tote.
■ In den Vereinigten Staaten geben zwei Forscherteams fast gleichzeitig die erfolgreiche Veränderung des Erbgutes von Schweinen bekannt. Ziel der Forschungen ist es, die sonst übliche Immunabwehr beim Menschen zu umgehen und so tierische Organe auf Menschen transplantieren zu können.
■ CSU und katholische Kirche protestieren heftig gegen ein Urteil des Bayerischen Verwaltungsgerichtshofes, nach dem ein Lehrer künftig ohne Kruzifix im Klassenraum unterrichten darf.

4. Januar

■ Dolly, das erste geklonte Schaf der Welt, leidet an einer schmerzhaften Gelenkentzündung im linken Hinterbein. Dollys Leiden wirft erneut die Frage nach der Anfälligkeit geklonter Lebewesen für Krankheiten auf.

5. Januar

■ In Tampa (US-Bundesstaat Florida) entführt ein 15-Jähriger eine Cessna und steuert sie in das Hochhaus der Bank of America. Mit der Tat will er seine Sympathie für Al-Qaeda-Chef Osama bin Laden zum Ausdruck bringen. Außer dem jugendlichen Piloten gibt es keine Todesopfer und keine Verletzten.
■ Der neue Sondergesandte der Vereinigten Staaten für Afghanistan, Zalmay Khalilzad, kündigt an, dass die USA ihre Luftangriffe auf mutmaßliche Stellungen der al Qaeda ungeachtet eines Risikos für die Zivilbevölkerung fortsetzen werden.
■ In einer verwahrlosten Zweizimmerwohnung in Berlin wird die mumifizierte Leiche eines zweijährigen Kindes gefunden. Die 21-jährige Mutter hatte ihren Sohn verdursten und verhungern lassen.

6. Januar

■ Griechenland versinkt im Schneechaos. In drei Provinzen des Landes wird der Notstand ausgerufen.
■ Als erster Athlet gewinnt Sven Hannawald sämtliche Springen der Vier-Schanzen-Tournee.

7. Januar

■ Die schlimmsten Buschbrände in der Geschichte Australiens werden nach über zwei Wochen von Regen gemildert. Mehr als 5000 Quadratkilometer Land sind bereits verbrannt, Tausende von Tieren, darunter auch viele Koalabären, fielen den Flammen zum Opfer.
■ In etwa doppelter Mondentfernung rast der Asteroid „2001 YB5“ mit einer Geschwindigkeit von mehr als 100 000 km/h an der Erde vorbei.
■ In Paris teilt der französische Modeschöpfer Yves Saint Laurent seinen Rückzug aus der Modewelt mit, nachdem er diese 40 Jahre lang entscheidend mitgeprägt hat.
■ Die Bundeshauptstadt Berlin wird tiefrot. SPD und PDS einigen sich auf eine Regierungskoalition.

9. Januar

■ Deutschland setzt als erstes Land nach Ende der Taliban-Herrschaft in Afghanistan wieder einen Botschafter ein. Der Diplomat Rainer Eberle ist damit auch der erste offizielle Vertreter Deutschlands in Kabul seit 20 Jahren.
■ Der sexuelle Kindesmissbrauch durch Priester soll innerkirchlich künftig schärfer verfolgt werden. Dazu setzt der Vatikan die päpstliche Glaubensbehörde unter Vorsitz von Kardinal Joseph Ratzinger als zentrales Ermittlungsorgan ein.
■ Mindestens 82 Menschen werden verletzt, als im nordirischen Belfast erneut Krawalle zwischen Katholiken und Protestanten ausbrechen. Die Unruhen begannen, nachdem in der Nähe der katholischen Mädchenschule „Zum Heiligen Kreuz“ zwei Frauen in Streit geraten waren.

10. Januar

■ Forscher haben in einer südafrikanischen Höhle die möglicherweise ältesten bekannten Kunstwerke der Welt entdeckt. Das Alter der Gravuren aus der afrikanischen Mittelsteinzeit wird auf rund 77 000 Jahre geschätzt.
■ Der texanische Energieriese Enron zieht mit seinem Zusammenbruch Teile der Regierung von US-Präsident George W. Busch mit in die Krise. Der Chef des Konzerns, Kenneth Lay, hat entgegen früheren Erklärungen des Weißen Hauses bereits einen Monat vor dem Insolvenzantrag zwei Minister über den Niedergang von Enron informiert.

11. Januar

■ Israelische Panzer und Bulldozer zerstören die Landebahn des internationalen Flughafens von Gaza.
■ Auf dem US-Marinestützpunkt Guantanamo in Kuba

Sven Hannawald ist der strahlende Sieger der Vier-Schanzen-Tournee. Der 27-Jährige aus Hinterzarten überflügelt in Oberstdorf, Garmisch-Partenkirchen, Innsbruck und Bischofshofen alle Konkurrenten

treffen die ersten Taliban- und Al-Qaeda-Gefangenen ein. Sie sind dort unter menschenunwürdigen Bedingungen in Drahtverschlägen mit Metalldächern untergebracht.

■ Die ersten 70 Soldaten der Bundeswehr kommen mit zweitägiger Verspätung zu ihrer Friedensmission in Afghanistan an.

■ Bei einem spektakulären Überfall erbeutet ein leitender Angestellter der Schweizer Geldtransportfirma Zürny AG 10,6 Millionen Franken (7,2 Millionen Euro). Drei Tage später wird der Täter auf dem Hamburger Kiez gefasst, nachdem er dort mit seinen Millionen geprahlt hatte.

■ Die CDU-Vorsitzende Angela Merkel verzichtet auf die Kandidatur für das Kanzleramt und macht damit den Weg frei für Edmund Stoiber.

13. Januar

■ Der minderjährige Prinz Harry, jüngster Sohn des britischen Thronfolgers Prinz Charles, hat laut Zeitungsberichten Haschisch geraucht und große Mengen Alkohol konsumiert. Aus dem St.-James-Palast werden die Vorkommnisse bestätigt.

14. Januar

■ Die Freiheitliche Partei Österreichs (FPÖ) versucht mit einem Volksbegehren gegen das umstrittene tschechische Atomkraftwerk Temelin die österreichische Regierung dazu zu bringen, den EU-Beitritt Tschechiens zu behindern. Tschechien lehnt die Verhandlung über das Kraftwerk ab.

■ Der „Ruhr-Pilot", das weltweit größte Verkehrs-Management-System, geht im Ruhrgebiet in die Testphase. Vom kommenden Jahr an soll es per Internet, Handy, Fernsehen und Radio Informationen zur aktuellen Verkehrslage liefern.

Ein historischer Begriff wird geprägt: In seiner Rede zur Lage der Nation bezeichnet US-Präsident George W. Bush zum ersten Mal die Länder Nordkorea, Iran und Irak als „Achse des Bösen"

15. Januar

■ Das Schächten von Schlachttieren ist fortan in Deutschland wieder erlaubt, nachdem das Bundesverfassungsgericht einem türkischen Metzger eine Ausnahmegenehmigung vom Verbot des Schlachtens ohne Betäubung erteilte.

■ Drei Pottwale stranden vor der schleswig-holsteinischen Wattenmeerküste auf einer Sandbank und ersticken in dem flachen Wasser an ihrem eigenen Gewicht.

16. Januar

■ 60 Jahre nach der Wannsee-Konferenz beginnt in Berlin die Ausstellung „Holocaust – Der nationalsozialistische Völkermord und die Motive seiner Erinnerung". Es ist die bislang umfassendste Aufarbeitung des Holocaust in Deutschland.

17. Januar

■ Unter dem Lavastrom des Vulkans Nyiragongo werden im Osten Kongos mindestens 14 Dörfer begraben, rund 350 000 Menschen befinden sich auf der Flucht. Die Großstadt Goma wird fast komplett zerstört.

■ Die Raumsonde Galileo wird auf ihre letzte Reise geschickt. Im Herbst 2003 soll ihr achtjähriger Flug mit einem gezielten Absturz auf dem Planeten Jupiter zum Ende kommen.

18. Januar

■ Tulkarem und Ramallah werden von der israelischen Armee angegriffen. Das Hauptquartier der palästinensischen Polizei in Tulkarem wird zerstört, in Ramallah wird Jassir Arafats Amtssitz umstellt.

■ Nach der Entgleisung eines Güterzuges im US-Bundesstaat North Dakota entweicht eine Giftgaswolke. Rund 100 Menschen, die mit der Ammoniakverbindung in Kontakt kommen, erleiden Verätzungen.

19. Januar

■ Erneut greift die israelische Armee Ramallah an und zerstört dabei das Hauptgebäude des offiziellen palästinensischen Fernseh- und Rundfunksenders „Stimme Palästinas".

20. Januar

■ TV-Moderatorin Sabine Christiansen wird in ihrer Sendung von Kanzlerkandidat Edmund Stoiber versehentlich als „Frau Merkel" tituliert.

21. Januar

■ Zum ersten Mal schicken die Grünen mit Joschka Fischer einen alleinigen Spitzenkandidaten in den Bundestagswahlkampf.

22. Januar

■ Der letzte unabhängige Fernsehsender Russlands mit landesweiter Ausstrahlung wird auf richterliche Anordnung abgeschaltet. Kritiker vermuten Meinungsverschiedenheiten zwischen dem Besitzer des Senders TW-6, Boris Beresowskij, und Präsident Putin als politisches Motiv für die Schließung.

■ Der Iran lässt rund 700 irakische Kriegsgefangene frei, die seit dem iranisch-irakischen Krieg 1980–1988 in Gefangenschaft saßen.

■ Bei einem Anschlag auf ein Kulturzentrum der Vereinigten Staaten in Kalkutta sterben fünf indische Polizisten. Pakistan weist die Anschuldigungen Indiens zurück, nach denen der pakistanische Geheimdienst für den Anschlag verantwortlich gemacht wird.

■ Überraschend sagt das Bundesverfassungsgericht die Verhandlungstermine im NPD-Verbotsverfahren ab. Ein NPD-Funktionär, der als Belastungszeuge aussagen soll, entpuppte sich als V-Mann des Verfassungsschutzes.

■ „Gotteskrieger" wird das Unwort des Jahres. Die Jury dafür begründet ihre Entscheidung mit der Aussage: „Kein Glaube an einen Gott gleich welcher Religion kann einen Krieg oder gar Terroranschläge rechtfertigen."

■ Nachdem in Fischabfällen das Antibiotikum Chloramphenicol (CAP) aufgetaucht ist, wird in den Bundesländern Bayern, Baden-Württemberg und Niedersachsen nach verseuchtem Fischmehl gesucht.

23. Januar

■ In Polen berichtet eine Zeitung über Sanitäter eines Krankenhauses, die schwer kranke Patienten mit der dem Pfeilgift Curare verwandten Droge Pavulon umgebracht haben. Dem Bericht zufolge soll ein Bestattungsunternehmer dafür gezahlt haben, dass die Angehörigen nach dem Tod der Patienten vom Krankenhauspersonal dazu gedrängt wurden, sein Unternehmen mit den Trauerfeierlichkeiten zu beauftragen.

■ In Berlin wird das Jakob-Kaiser-Haus bezogen.
Das 580 Millionen Euro teure Gebäude ist der bislang größte Parlamentsneubau der Bundeshauptstadt.

24. Januar

■ Als erstes Schiff des deutschen Marine-Kontingents für den Anti-Terror-Einsatz trifft die Fregatte „Bayern" am Horn von Afrika im Indischen Ozean ein.

25. Januar

■ Ungeachtet der Spannungen bezüglich des Kaschmir-Konflikts testet Indien über dem Golf von Bengalen eine neue Variante seiner atomwaffenfähigen Mittelstreckenrakete „Agni I".

26. Januar

■ Im Zoo von Kabul stirbt der einäugige Löwe Marjan, der während des Krieges Symbol für das Leid der afghanischen Bevölkerung war.

27. Januar

■ Erstmals verübt eine Frau ein Selbstmordattentat. Bei dem Anschlag in Jerusalem stirbt außer ihr ein Israeli, über hundert Menschen werden verletzt.

■ Bei der Explosion eines Munitionslagers in Lagos kommen über 1000 Menschen ums Leben. Die Katastrophe wurde durch den Brand einer Suppenküche ausgelöst, der auf das Waffendepot übergesprungen war.

■ In Kassel schließt mit dem „Club 21" die älteste Discothek Deutschlands. Bei der Eröffnung 1961 kam die Musik noch vom Tonband, bis Stammgäste gegen die immer gleiche Abfolge der Lieder protestierten. Um Abhilfe zu schaffen, stellte der Club für das Auflegen von Schallplatten einen Studenten ein, der so zum ersten Discjockey Deutschlands wurde.

29. Januar

■ US-Präsident George W. Bush bezeichnet in seiner Rede zur Lage der Nation die Länder Nordkorea, Iran und Irak zum ersten Mal als „Achse des Bösen".

■ 52 israelische Soldaten veröffentlichen eine Petition, mit der sie sich weiteren Kämpfen in den besetzten Gebieten verweigern.

■ Der wegen Fahrens ohne Fahrerlaubnis sowie Beleidigung und Widerstand gegen Vollstreckungsbeamte angeklagte Ex-Boxweltmeister Graciano Rocchigiani tritt in Berlin seine einjährige Haftstrafe an.

30. Januar

■ Nach 16 Tagen geben die letzten 249 von insgesamt rund 1000 Insassen des australischen Flüchtlingslagers Woomera ihren Hungerstreik auf. Mit der Aktion protestierten die überwiegend afghanischen Flüchtlinge gegen die harten Bedingungen der australischen Asylpolitik.

■ Der Bundestag entscheidet, dass für wichtige Forschungsprojekte embryonale Stammzellen unter strengen Auflagen in die Bundesrepublik importiert werden dürfen.

31. Januar

■ Rund 660 US-Soldaten nehmen an einer gemeinsamen Militärübung der Vereinigten Staaten und der Philippinen teil. Mit der Aktion soll der Kampf gegen die muslimischen Abu-Sayyaf-Rebellen auf den Südphilippinen unterstützt werden.

■ CDU/CSU-Kanzlerkandidat Edmund Stoiber läutet den Wahlkampf ein. Er gibt 40 Prozent der Wählerstimmen als Ziel für die Bundestagswahl im Herbst vor.

■ Im Satanisten-Prozess werden Daniel und Manuela Ruda zu 15 und 13 Jahren Haft verurteilt und in die geschlossene Psychiatrie eingewiesen.
Das Ehepaar Ruda hatte 2001 an einem Bekannten einen Ritualmord verübt.

FEBRUAR

1. Februar

■ In Deutschland sollen per Gesetz der Schutz und die Rechte von Kindern erweitert werden. Demnach darf Gewalt kein Erziehungsmittel sein.

■ Der Bundesrat beschließt den Ausstieg Deutschlands aus der Atomkraft bis zum Jahr 2021.

■ Adelheid Schulz, die als ehemalige RAF-Terroristin wegen mehrfachen Mordes und Mordversuchs zu lebenslanger Haft verurteilt war, wird von Bundespräsident Johannes Rau begnadigt.

In den Niederlanden feiern der Thronfolger Prinz Willem-Alexander und seine argentinische Braut Máxima Zorreguieta eine Traumhochzeit

2. Februar

■ In Abwesenheit der Eltern der Braut heiraten in den Niederlanden der Thronfolger Prinz Willem-Alexander und die Argentinierin Máxima Zorreguieta. Máximas Vater, in den achtziger Jahren Minister der argentinischen Militärjunta, war von niederländischer Seite aus bei der Trauung seiner Tochter nicht erwünscht.

3. Februar

■ In der Türkei sterben bei einem Erdbeben der Stärke 6 bis 6,2 auf der Richter-Skala mindestens 42 Menschen, über 300 werden verletzt.

4. Februar

■ Wegen eines Computerfehlers gerät die internationale Raumstation ISS ins Trudeln. Weil die Solarzellen deshalb nicht auf die Sonne ausgerichtet werden können, kommt es zu Problemen mit der Stromversorgung.

■ Eine Untersuchung des Bundesrechnungshofes bringt zutage, dass die Arbeitsämter bei der Verbuchung von Stellenvermittlungen die Statistiken erheblich frisiert haben. Dadurch gerät der Präsident der Bundesanstalt für Arbeit, Bernhard Jagoda, unter massiven Druck. Die Opposition fordert seinen Rücktritt.

5. Februar

■ Der italienische Senat stimmt mit überwältigender Mehrheit für ein Rückkehrrecht der Nachkommen des letzten italienischen Königs

Umberto II. Die Mitglieder des Königshauses Savoyen waren 1946 des Landes verwiesen worden, nachdem sie den Diktator Benito Mussolini unterstützt hatten.

■ Die Anklage eines US-Bundesgerichts gegen den amerikanischen Taliban-Kämpfer John Walker wird bekannt gegeben. Sie lautet auf „zehn schwere Verbrechen“, darunter fünfmal Verrat.

■ In Porto Alegre (Brasilien) endet das Weltsozialforum mit 60 000 Teilnehmern aus 150 Ländern.

6. Februar

■ Vor genau 50 Jahren bestieg Königin Elizabeth II. in London ihren Thron.

7. Februar

■ Während der israelische Premierminister Ariel Sharon zu Gesprächen mit US-Präsident George W. Bush nach Washington reist, sterben bei einem palästinensischen Attentat auf eine Siedlung im Westjordanland drei Menschen. Israelische Kampfflugzeuge bombardieren Nablus.

8. Februar

■ Der ehemalige Außenminister Afghanistans, Wakil Ahmed Mutawakil, stellt sich den Behörden in Kandahar und wird dem US-Militär übergeben. Er ist der ranghöchste bisher gefasste Vertreter der Taliban.

■ Unter scharfen Sicherheitsvorkehrungen beginnen in Salt Lake City die XIX. Olympischen Winterspiele. US-Präsident George W. Bush eröffnet die Spiele zum ersten Mal in ihrer Geschichte nicht mit der sonst üblichen Begrüßungsformel, sondern ändert die Worte in: „Stellvertretend für eine stolze, entschlossene und dankbare Nation: Ich erkläre die Spiele von Salt Lake City zur Feier der Olympischen Winterspiele für eröffnet.“

11. Februar

■ Um zu beweisen, dass er kein Kokain konsumiert habe, reicht der Hamburger Innensenator Ronald Schill eine Haarsträhne beim Institut für Rechtsmedizin der Universität München ein.

■ Das Oberlandesgericht Düsseldorf erklärt in zweiter Instanz die umstrittene Rasterfahndung für teilweise rechtswidrig.

12. Februar

■ In Den Haag beginnt vor dem UN-Kriegsverbrechertribunal der Prozess gegen den jugoslawischen Ex-Präsidenten Slobodan Milošević.

■ Aufgrund einer Warnung des FBI vor neuen Terroranschlägen werden in den gesamten USA die Sicherheitsvorkehrungen verschärft.

■ Das Zusatzprotokoll der UN-Kinderrechtskonvention tritt in Kraft. Es untersagt den Einsatz von Kindern als Soldaten in bewaffneten Konflikten.

■ Zum ersten Mal seit zehn Jahren lässt der Irak mit dem Zyprioten Andreas Mavrommatis einen Sonderberichterstatter der UN-Menschenrechtskommission ins Land.

■ Ein Fischereischiff wird vor der Küste Kolumbiens mit zehn Tonnen Kokain an Bord beschlagnahmt. Der Schwarzmarktpreis der Ware wird auf 300 Millionen US-Dollar geschätzt.

13. Februar

■ Ein Geiseldrama in einer Hauptschule in Jüchen geht nach vier Stunden unblutig zu Ende. Der 17-jährige Geiselnehmer war zuvor auf eine Sonderschule verwiesen worden und hatte mehrfach gedroht, den Direktor der Hauptschule umzubringen.

14. Februar

■ Auf dem Flughafen von Kabul wird der afghanische Luftfahrtminister Abdul Rahman angeblich von aufgebrachten Pilgern erschlagen, deren Flüge nach Mekka nicht rechtzeitig gestartet waren. Präsident Hamid Karzai vermutet jedoch ein gezieltes Attentat.

■ Forscher präsentieren in Texas das erste geklonte Kätzchen der Welt. Das Fachjournal „Nature“ berichtet, das knapp zwei Monate alte, dreifarbige Tier mit dem Namen „Copy Cat“ sehe gesund aus.

Gesund und munter präsentiert sich in der Fachzeitschrift „Nature“ das erste geklonte Kätzchen der Weltöffentlichkeit. Das dreifarbige Kuscheltier, das in einem Labor in Texas künstlich gezeugt und geboren wurde, hört auf den Namen „Copy Cat“

15. Februar

■ Einer der größten Skandale in der Geschichte der Olympischen Winterspiele endet mit der Vergabe einer zweiten Goldmedaille an das kanadische Eislaufpaar Jamie Sale und David Pelletier. Die französische Preisrichterin Marie-Reine Le Gougne hatte eingestanden, bei der Vergabe ihres Urteils zugunsten des russischen Siegerpaares unter Druck von außen gestanden zu haben. Ihre Wertung wurde zurückgezogen.

16. Februar

■ In Noble im US-Bundesstaat Georgia wird Ray Marsh, Betreiber eines Krematoriums, verhaftet. Auf dem Gelände seines Unternehmens wurden fast 300 Leichen gefunden, die sich dort in den vergangenen Jahren unverbrannt angesammelt hatten.

17. Februar

■ 170 deutsche ABC-Abwehrspezialisten nehmen in Kuwait an dem Manöver „Iris Gold“ der US-Armee teil.

■ Auf der 52. Berlinale werden der britisch-irische Film „Bloody Sunday“ und die japanische Zeichentrickproduktion „Spirited Away“ mit dem Goldenen Bären ausgezeichnet.

18. Februar

■ US-Präsident George W. Bush droht dem Irak erneut mit einem Militärschlag.

■ Britische Händler, die ihre Waren in Unzen statt in Gramm verkaufen, machen sich strafbar. Das entschied das oberste britische Zivilgericht, nachdem einige Händler sich standhaft weigerten, die EU-Maßeinheiten anzuerkennen.

19. Februar

■ Sechs Soldaten sterben bei einem Attentat auf einen israelischen Militärposten.

■ In Indien wird ein Ausbruch der Pest bestätigt, nachdem ihr bereits vier Menschen zum Opfer gefallen sind.

■ Nach einem Hagelsturm wird die bolivianische Hauptstadt La Paz von Blitzfluten heimgesucht. Mindestens 50 Menschen sterben, über 150 weitere werden verletzt.

■ Bevor er die Waffe gegen sich selbst richtet, erschießt der 22-jährige Adam Labus in Eching und Freising bei München zwei ehemalige Vorgesetzte und den Direktor seiner früheren Wirtschaftsschule. Der Amokläufer hatte sich für seinen privaten Rachefeldzug mit zwei Pistolen, drei Rohrbomben und einer Handgranate bewaffnet.

20. Februar

■ Die israelische Armee startet eine Offensive auf zahlreiche Ziele im Westjordanland und im Gaza-Streifen, dabei kommen mindestens 15 Palästinenser ums Leben. Es sind die schwersten Angriffe der israelischen Armee seit Beginn der zweiten Intifada.

■ Bei einem Brand in einem ägyptischen Zug sterben südlich von Kairo mindestens 360 Menschen. Der Zugführer bemerkt zunächst das Feuer nicht und rollt mit den brennenden Waggons noch mehr als zehn Kilometer weiter.

■ In Kolumbien wird ein Passagierflugzeug entführt und zur Landung auf einer Landstraße gezwungen. In der Maschine ist der Senator der oppositionellen liberalen Partei und Vorsitzende des Friedensausschusses, Jorge Eduardo Gechem Turbay, der aus dem notgelandeten Flugzeug heraus in die Berge verschleppt wird. Die Entführung wird den marxistischen Revolutionären Streitkräften Kolumbiens (FARC) zugeschrieben.

21. Februar

■ Der in Pakistan entführte Journalist des „Wall Street Journal", Daniel Pearl, ist ermordet worden. Dies bestätigt ein Video, das zeigt, wie dem US-Reporter vor der Kamera die Kehle durchgeschnitten wird.

22. Februar

■ Nur knapp kann Präsident Wladimir Putin die vorzeitige Abreise der russischen Sportler aus Salt Lake City verhindern. Sie fühlten sich vom Internationalen Olympischen Komitee ungerecht behandelt.

■ Nachfolger des durch die Arbeitsamt-Affäre in Bedrängnis geratenen Präsidenten der Bundesanstalt für Arbeit, Bernhard Jagoda, wird der rheinland-pfälzische Sozialminister Florian Gerster.

■ In letzter Instanz scheitern mehrere Getränkehersteller und Lebensmittelketten mit einem vorläufigen Rechtsschutzantrag gegen das drohende Dosenpfand vor dem Oberverwaltungsgericht Berlin.

23. Februar

■ Die kolumbianische Präsidentschaftskandidatin Ingrid Betancourt wird von den Revolutionären Streitkräften Kolumbiens (FARC) entführt.

24. Februar

■ Der Hausarrest des Palästinenserführers Jassir Arafat wird gelockert. Er darf jedoch weiterhin die Stadt Ramallah nicht verlassen.

■ Erstmals bestätigt Verteidigungsminister Rudolf Scharping den Einsatz des deutschen Kommandos Spezialkräfte (KSK) in Afghanistan.

■ Die deutschen Wintersportler stehen zum Ende der XIX. Olympischen Winterspiele in Salt Lake City als siegreichste Mannschaft da. Sie holten 12-mal Gold, 16-mal Silber und 7-mal Bronze.

25. Februar

■ Bundeskanzler Gerhard Schröder und der britische Premier Tony Blair fordern eine Reform des Europäischen Rates und der Ministerräte, um deren Arbeit in Brüssel effizienter und transparenter zu machen.

■ Bei einem Überfall auf einen Geldtransporter in Frankfurt erbeuten drei Männer die größte Bargeldsumme in der Geschichte Deutschlands. Der Fahrer des Wagens, ein 23-jähriger Franzose, überwältigt seinen Kollegen und entkommt zunächst mit 8,6 Millionen Euro. Auf der Flucht müssen die Räuber bei einem Autowechsel 1,485 Millionen Euro zurücklassen. Mehrere Verdächtige werden Anfang März festgenommen.

26. Februar

■ Das umstrittene amerikanische „Amt für strategische Einflussnahme" wird geschlossen. Die Einrichtung kam ins Kreuzfeuer der Presse mit der Anschuldigung, ausländische Medien gezielt durch Falschmeldungen auf die Seite der USA ziehen zu wollen.

■ Rund 3000 ehemalige Albaner-Rebellen erhalten in Mazedonien die Amnestie. Damit erfüllt das Land die letzte Forderung des Friedensabkommens von Ohrid.

■ Taiwan verabschiedet sich von seinem historischen Gebietsanspruch auf die Mongolei und erkennt dessen Unabhängigkeit an. China hatte bereits 1949 auf seine Ansprüche auf das Gebiet der Mongolei verzichtet.

■ Der Orkan „Anna" wütet über Norddeutschland. Drei Menschen sterben, es entstehen Sachschäden von über 25 Millionen Euro.

27. Februar

■ In der überwiegend von Muslimen bewohnten westindischen Stadt Godhra sterben 58 Menschen bei einem Brandanschlag auf einen voll besetzten Zug mit Hindu-Fundamentalisten. Der Anschlag löst eine Welle der Gewalt aus, die in den folgenden zwei Wochen mehr als 700 Menschen das Leben kostet.

■ Zur Bekämpfung radikaler Islamisten im Pankisi-Tal schicken die USA Militärberater nach Georgien.

■ Auf dem US-Militärstützpunkt Guantanamo auf Kuba treten etwa 100 der rund 300

Im Inferno von Godhra in Indien sterben 58 Hindu-Fundamentalisten, als Muslime ihren vollbesetzten Zug in Brand stecken

;efangenen in einen Hunger-
treik. Am Vortag war es zu
inem Zwischenfall gekom-
nen, bei dem ein amerikani-
cher Soldat einem gefangenen
'aliban während des Gebets den
us einem Bett-Tuch selbst ge-
'rehten Turban vom Kopf riss.
Ein Untersuchungsbericht
es UN-Flüchtlingshilfswerks
JNHCR und der Hilfsorgani-
ation „Save the Children"
ommt zu dem Ergebnis,
ass in Westafrika im großen
Jmfang sowohl Mitarbeiter
on Hilfsorganisationen als
uch UN-Blauhelmsoldaten
inder gegen Ausgabe von
ebensmitteln und Geld
exuell missbraucht haben.
■ In Los Angeles bekommt die
oulsängerin Alicia Keys fünf
;rammys verliehen. Vier wei-
re der begehrten Trophäen
ehen an die irische Band U2.
■ Wegen versuchter Anstiftung
um Mord wird der ehemalige
randenburgische Minister
ochen Wolf zu fünf Jahren
Iaft verurteilt. Wolf hatte
nfang 2000 einem mutmaß-
chen Auftragskiller 5000
Iark Vorschuss gezahlt,
amit der Wolfs Ehefrau
us dem Weg schafft.
Aus einem Bericht des Bun-
esumweltministeriums geht
ervor, dass der bei einem
törfall im AKW Brunsbüttel
n vergangenen Dezember
ntstandene Schaden weitaus
rößer ist, als bislang
ngenommen wurde.

:8. Februar

Der frühere Serbenführer
adovan Karadzić entkommt
nem Festnahmeversuch der
osnien-Friedenstruppe Sfor.
Als erster UN-Generalsekre-
ir hält Kofi Annan eine Rede
or dem Deutschen Bundestag
Berlin und würdigt dabei
ie internationale Rolle
eutschlands bei der Siche-
ung des Weltfriedens.
In neun europäischen
ändern, unter anderem in
eutschland, kann heute zum letzten Mal mit den alten Währungen gezahlt werden. Fortan ist der Euro das alleingültige Zahlungsmittel.

Vom „Playboy"-Model zur Millionärin: Im Streit um das Erbe ihres verstorbenen Ehemannes, des Ölbarons Howard Marshall, bekommt Anna Nicole Smith 88 Millionen Dollar zugesprochen

MÄRZ

2. März

■ Bei einem Selbstmordattentat in Jerusalem sterben neun Israelis.

■ In Rom gehen mehrere Hunderttausend Menschen aus Protest gegen die Politik von Ministerpräsident Silvio Berlusconi auf die Straße.

3. März

■ Die Schweizer sprechen sich bei einer Volksabstimmung mit 54,6 Prozent für einen Beitritt in die UN aus.

■ Bei einem Erdbeben der Stärke 7,2 auf der Richter-Skala kommen im Nordosten Afghanistans mindestens 100 Menschen ums Leben.

■ In Potsdam eröffnet ein Forschungszentrum für Sicherheitspolitik. Ein Schwerpunkt der Einrichtung wird die Strategie der Nato im 21. Jahrhundert sein.

4. März

■ Mindestens 19 Menschen kommen bei einem Angriff der israelischen Armee auf das Flüchtlingslager Al Amari bei Ramallah ums Leben.

■ Sieben US-Soldaten sterben beim Abschuss eines Chinook-Hubschraubers bei Gardes im Osten Afghanistans.

■ Die Demokraten im amerikanischen Kongress ernten harsche Kritik der Republikaner für ihre erstmals gezeigte kritische Haltung zum „Krieg gegen den Terrorismus" von US-Präsident George W. Bush.

5. März

■ Der Kölner SPD-Unterbezirk steht im Verdacht, illegale Parteispenden über rund 260 000 Euro angenommen zu haben. Die entsprechenden Konten werden untersucht.

■ Im Streit um die Einfuhrzölle auf Stahl weigert sich US-Präsident George W. Bush, auf die Proteste der EU einzugehen. Für die nächsten drei Jahre sollen die Zölle zwischen acht und 30 Prozent betragen. Die Europäische Kommission kündigt Gegenmaßnahmen an.

6. März

■ In Afghanistan sprengen sich zwei deutsche und drei dänische Soldaten bei dem Versuch, eine sowjetische Boden-Luft-Rakete unschädlich zu machen, selbst in die Luft.

■ Bei einem Manöverunfall in der Ostsee kentern zwei Bundeswehrsoldaten, die zur Besatzung der Fregatte „Mecklenburg-Vorpommern" gehören, mit einem Beiboot und sterben an Unterkühlung.

■ Die ungleiche Besteuerung von Renten und Pensionen wird vom Bundesverfassungsgericht für verfassungswidrig erklärt.

■ Neun Jahre nach ihrer Gründung wird die Wochenzeitung des Hamburger Jahreszeiten-Verlags, „Die Woche", eingestellt.

■ Indiens Justiz verurteilt die Literatur-Preisträgerin Arundhati Roy zu einem Tag Gefängnis wegen „Herabsetzung der Würde des Gerichts".

■ Im Verfahren um die Bewohner des „Horrorrhauses" von Brüssel werden der ehemalige Pastor Andras Pandy zu lebenslanger Haft und seine Tochter Agnes zu 21 Jahren Gefängnis verurteilt. Die beiden werden beschuldigt, sechs Familienangehörige zum Teil in Säure aufgelöst, zum Teil in Plastiksäcken beim Schlachthof abgelegt, sowie mindestens 13 weitere Menschen ermordet und in ihrem Haus vergraben zu haben.

7. März

■ Der irakische Außenminister Sabri und UN-Generalsekretär Kofi Annan verhandeln in New York über die Wiederaufnahme von Waffeninspektionen im Irak.

■ Im Streit um das Millionenerbe des verstorbenen Ölbarons Howard Marshall spricht ein Bundesrichter in Los Angeles dessen Witwe, dem ehemaligen „Playboy"-Model, Anna Nicole Smith, 88 Millionen Dollar zu.

8. März

■ Mindestens 35 Palästinenser sterben bei einer Großoffensive der israelischen Armee.

■ Das Bundesverwaltungsgericht entscheidet, dass die Stasi-Akten von Altkanzler Helmut Kohl unter Verschluss bleiben.

■ Papst Johannes Paul II. verfügt, dass nun auch das Bistum Limburg als letzte deutsche Diözese aus der staatlichen Konfliktberatung für Schwangere aussteigen muss. Das Bistum hatte sich den Weisungen aus Rom widersetzt und die Beratung weiterhin angeboten.

■ Ein Forschungsteam des südkoreanischen Maria Infertility Hospital Medical Institute gibt bekannt, das Erbmaterial einer menschlichen Zelle in die entkernte Eizelle einer Kuh verpflanzt zu haben.

9. März

■ Bei einem Selbstmordattentat in Jerusalem kommen mindestens elf Israelis ums Leben, über 50 weitere werden verletzt.

■ Der Montblanc-Tunnel wird drei Jahre nach der verheerenden Brandkatastrophe, die 39 Menschen das Leben kostete, wieder für den Personenverkehr freigegeben.

■ Erstmals erringen die deutschen Herren den Weltmeistertitel im Feldhockey mit einem 2:1-Sieg über Australien in Kuala Lumpur.

10. März

■ Die israelische Armee greift Gaza-Stadt an und zerstört das Hauptquartier von Palästinenserführer Jassir Arafat.

■ Mexikanische Spezialkommandos verhaften den Kopf des landesgrößten Drogenkartells, Benjamin Arellano Felix.

■ Nach einem von Gewalttaten geprägten Wahlkampf mit Einschüchterungsversuchen der regierenden Partei gegenüber den Oppositionellen beansprucht der Präsident von Simbabwe, Robert Mugabe, einen weiteren Sechs-Jahres-Turnus an der Spitze seines Landes.

■ Ein halbes Jahr nach den Anschlägen vom 11. September bestätigt US-Außenminister Colin Powell, dass Amerika seine Bestimmungen über den Gebrauch von Atomwaffen lockert. Das Land zieht in Betracht, eventuell kleinere Sprengladungen gegen unterirdische Lager von biologischen und chemischen Kampfstoffen einzusetzen.

12. März

■ In seinem Jahresbericht übt der Wehrbeauftragte Willfried Penner scharfe Kritik am Zustand der Bundeswehr. Die Ausstattung sei nur schlecht bis mangelhaft, die Truppe bei Auslandseinsätzen überfordert.

■ Das erste deutsche Museum für Naturschutzgeschichte wird am Drachenfels in Königswinter eröffnet.

■ Die Ermittlungen wegen Verdachts der Geldwäsche gegen Max Josef Strauß und den Ex-Verteidigungsstaatssekretär Holger Pfahls (CSU) werden eingestellt.

Hunderttausende von Menschen protestieren auf den Straßen Roms gegen die Politik von Ministerpräsident Silvio Berlusconi

Die Beschuldigungen standen im Zusammenhang mit der Schmiergeldaffäre um die ostdeutsche Leuna-Raffinerie.

■ Mit durchschnittlich 210 Patentmeldungen pro Tag erreichte die Kreativität der Erfinder in Deutschland 2002 einen Höhepunkt. Das Deutsche Patent- und Markenamt meldet eine Steigerung im Vergleich zum Vorjahr um 15 Prozent.

13. März

■ Die israelische Armee rückt erneut in Ramallah ein.

■ Nach der neuen Verordnung zur Hennenhaltung dürfen in Deutschland künftig keine Ställe mit Käfigbatterien mehr gebaut werden.

14. März

■ Alle fünf Insassen sterben beim Absturz eines Bell-UH-1-Rettungshubschraubers der Bundeswehr in Hamburg. Bei anschließenden Untersuchungen werden im Blut des Piloten 1,5 Promille Alkohol, in dem des Bordmechanikers 1,2 Promille nachgewiesen.

■ Wegen des Verdachts der Korruption werden die Wohnung und das Büro des Wuppertaler Oberbürgermeisters Hans Kremendahl (SPD) durchsucht.

■ Serbien und Montenegro einigen sich auf den Zusammenschluss zu einem Staat.

■ Auf dem Militärflughafen Schukowski bei Moskau wird ein Modell des Raumgleiters C-XXI präsentiert. Mit ihm sollen Zivilpersonen halbstündige Flüge im Weltall absolvieren können.

■ Im Rahmen des bisher größten Einsatzes der deutschen Marine trifft ein Kontingent von 86 Soldaten und zwei Aufklärungsflugzeugen in der kenianischen Küstenstadt Mombasa ein. Seine Aufgabe wird in den kommenden Monaten vor allem aus Überwachungsflügen am Horn von Afrika bestehen.

15. März

■ Nach ihrer Flucht in die spanische Botschaft dürfen 25 Nordkoreaner aus China nach Südkorea ausreisen.

■ Bundesinnenminister Otto Schily (SPD) und der afghanische Übergangsregierungschef Hamid Karzai unterzeichnen eine Reihe von Abkommen, die dem Wiederaufbau Afghanistans dienen sollen. Die deutsche Hilfe betrifft die Bereiche Trinkwasser- und Energieversorgung, Gesundheits- und Schulwesen sowie die Ausbildung der Polizei.

17. März

■ Die Grünen verabschieden sich auf ihrem Parteitag in Berlin nach mehr als 20 Jahren vom Prinzip der Gewaltfreiheit. Für Auslandseinsätze der Bundeswehr fordern sie allerdings eine Zweidrittelmehrheit im Bundestag.

■ In Kolumbien wird Isaias Duarte Cancino, Erzbischof von Cali, erschossen, als er vor seine Kirche tritt. Der katholische Würdenträger hatte sich in der Vergangenheit kritisch sowohl zu den Geiselnahmen der Guerilla als auch zu den Drogenverbindungen der Regierung geäußert.

■ „Tom" und „Jerry" starten in den Weltraum. Die beiden in Deutschland entwickelten Forschungssatelliten sollen die Erdgravitation neu vermessen. Das Projekt ist ein Bestandteil der deutsch-amerikanischen Grace (Gravity Recovery and Climate Experiment)-Mission.

18. März

■ Nach über zweiwöchigen Kämpfen, die zu den schwersten Gefechten des amerikanischen Krieges in Afghanistan zählen, geht die „Operation Anaconda" zu Ende. Die US-Regierung gibt bekannt, die Kontrolle über das Shahikot-Tal errungen zu haben. Anderslautende Berichte sprechen von einem Misserfolg der Aktion, da viele Taliban-Rebellen über die Berge nach Pakistan geflohen seien.

■ Der älteste bekannte Brunnen Deutschlands ist in Leipzig entdeckt worden. Das Landesamt für Archäologie datiert sein Alter auf 7260 Jahre.

19. März

■ Inline-Skater gelten künftig als Fußgänger. Mit diesem Urteil legt der Bundesgerichtshof fest, nach welchen Verkehrsregeln sich die Skater fortan zu richten haben.

■ Deutschland übernimmt das taktische Kommando der multinationalen Brigade in Kabul. Damit fällt der Bundeswehr in Afghanistan eine wichtige Führungsrolle zu.

■ Vor seinem Haus in Bologna wird der italienische Regierungsberater Marco Biagi erschossen. Am folgenden Tag erklärt sich die Terrororganisation „Rote Brigaden“ für den Anschlag verantwortlich.

20. März

■ Italien ruft auf Sizilien den Notstand aus. Zwei Tage zuvor war dort ein Schiff mit 1000 überwiegend kurdischen Flüchtlingen an Bord gelandet.

■ Drei Tage vor dem Staatsbesuch des US-Präsidenten George W. Bush in der peruanischen Hauptstadt Lima werden bei einem Bombenanschlag in der Nähe der amerikanischen Botschaft neun Menschen getötet, knapp 40 weitere werden verletzt.

■ Bei einem weltweiten Schlag gegen einen internationalen Kinderporno-Ring werden auch Wohnungen in Stuttgart und Aalen durchsucht und dabei vier Verdächtige festgenommen.

21. März

■ Trotz des Rettungsversuches von Bundeskanzler Gerhard Schröder im Herbst 1999 meldet der Baukonzern Philipp Holzmann AG erneut Insolvenz an.

Julia Bohl muss nicht sterben. Nachdem ein Labortest bestätigt, dass sie „nur“ 281 Gramm reines Rauschgift in ihrem Besitz hatte, verschonen die Behörden in Singapur die 23-jährige von der Todesstrafe

22. März

■ Das Bundeswehrmandat für Mazedonien wird vom Bundestag verlängert. Für drei weitere Monate bleibt der Nato-Verband damit unter deutscher Führung.

■ Die Erben einer 1999 an Lungenkrebs gestorbenen Raucherin bekommen 150 Millionen US-Dollar zugesprochen. Der Tabakkonzern Philip Morris kündigt eine Berufung gegen das Urteil des Gerichtes in Portland an.

23. März

■ In Rom ist die Zahl der Menschen, die gegen die Politik der Regierung Berlusconi demonstrieren, auf zwei Millionen angewachsen.

■ In Afghanistan dürfen erstmals seit sechs Jahren wieder Mädchen unterrichtet werden.

24. März

■ Halle Berry ist die erste schwarze Schauspielerin, die mit einem Oscar für die beste weibliche Hauptrolle ausgezeichnet wird.

25. März

■ Die wegen außerehelichen Geschlechtsverkehrs zum Tod durch Steinigung verurteilte Nigerianerin Safiya Hussaini wird von einem Berufungsgericht freigesprochen.

■ Der Norden Afghanistans wird von einem schweren Erdbeben der Stärke 6,1 auf der Richter-Skala erschüttert. Die vermutliche Zahl der Toten liegt zwischen 800 und 2000.

26. März

■ Mit der Begründung, dass bis in die achtziger Jahre sowohl bei der Bundeswehr als auch bei der Nationalen Volksarmee die Strahlenschutzvorschriften verletzt worden seien, verklagen 773 Strahlenopfer das Verteidigungsministerium auf Schadensersatz.

27. März

■ Während der Gipfel der Arabischen Liga in Beirut ohne den Palästinenserführer Jassir Arafat stattfindet, da Israel ihm keine Garantie für eine Rückkehr in sein Heimatland gewährt, kommen bei einem Selbstmordattentat in Netanja mindestens 15 Gäste eines Hotels ums Leben, etwa 100 weitere werden verletzt.

■ Im französischen Nanterre werden acht Mitglieder des Gemeinderates und weitere 19 Personen von einem Amokläufer erschossen.

28. März.

■ E. T. ist wieder da. 20 Jahre nach seiner Erstaufführung kommt Steven Spielbergs Märchen um einen Außerirdischen akustisch und optisch verbessert erneut in den Kinos.

■ In Singapur entgeht die 23-jährige Julia Bohl der Todesstrafe. Labortests ergaben, dass die wegen Drogenhandels Angeklagte letztendlich „nur“ 281 Gramm reines Rauschgift in ihrem Besitz hatte. Die Todesstrafe hätte nach dem Gesetz erst bei einer Menge von über 500 Gramm verhängt werden können.

29. März

■ Die israelische Armee rückt in Ramallah ein und belagert Palästinenserführer Jassir Arafat in seinem Hauptquartier. Die Strom- und Wasserzufuhr dorthin wird unterbrochen.

31. März

■ 15 Israelis sterben bei einem Selbstmordattentat in Haifa.

APRIL

1. April

■ Die israelische Armee führt Angriffe im Westjordanland durch. Die Geburtskirche in Bethlehem, in der sich etwa 150 Palästinenser verschanzt haben, wird belagert.

■ In Frankreich werden in einer Welle von Antisemitismus in der Nacht zum 1. April Anschläge auf Synagogen in Marseille, Lyon und Montpellier verübt. Die Attentate werden mit dem israelischen Vorgehen gegen die Palästinenser in Verbindung gebracht.

■ Nachdem Serbien sich weigert, vier Kriegsverbrecher an das Den Haager Tribunal auszuliefern, frieren die USA finanzielle Hilfsleistungen in Höhe von 40 Millionen US-Dollar ein.

■ Die Niederlande erlauben als erstes Land Ärzten die aktive Sterbehilfe.

2. April

■ Der Angriff der israelischen Armee auf das Flüchtlingslager Dschenin beginnt. Nach palästinensischen Angaben kommt es dabei in den folgenden Tagen der Kämpfe zu einem Massaker unter der Zivilbevölkerung.

■ Drei Männer überfallen die Filiale einer Kreissparkasse im niedersächsischen Wrestedt und nehmen zwei Bankangestellte als Geiseln. Nach einer spektakulären Verfolgungsjagd durch Deutschland und Polen können sie am nächsten Tag in der Ukraine gefasst werden.

3. April

■ In Algerien töten islamistische Rebellen 21 Soldaten. Damit ist die Zahl der Todesopfer, die bei Gewaltakten in dem nordafrikanischen Land seit Beginn des Jahres ums Leben gekommen sind, auf über 300 gestiegen.
■ Eine Tagung der Außenminister islamischer Länder endet in Kuala Lumpur, Malaysien, mit einer Verurteilung des internationalen Terrorismus.

4. April

■ Israelische Panzer rücken in Nablus und Hebron ein.
■ Die Regierung von Angola unterzeichnet nach 27 Jahren Bürgerkrieg ein Waffenstillstandsabkommen mit der Rebellenorganisation Unita.

5. April

■ Auf dem Truppenübungsplatz Baumholder in Rheinland-Pfalz verunglückt ein 24-jähriger Soldat tödlich, als sich ein Panzer überschlägt.
■ Wegen Verdachts der Bestechlichkeit wird der Bonner CDU-Fraktionschef Reiner Schreiber verhaftet. Er soll für die Auftragsvergabe zur Modernisierung des Heizkraftwerkes Nord in Bonn einen Millionenbetrag erhalten haben.

7. April

■ Am Himmel Bayerns spuken seltsame Lichterscheinungen. Wahrscheinlich sind sie auf einen Meteoriten zurückzuführen, der beim Eintritt in die Erdatmosphäre verglühte.

8. April

■ Auf den afghanischen Verteidigungsminister Mohammed Fahim wird ein Anschlag verübt. Er bleibt unverletzt, fünf andere Menschen sterben.
■ Die Irisch-Republikanische Armee (IRA) beendet die zweite Runde ihrer freiwilligen Entwaffnung. Die unabhängige Kontrollkommission bestätigt, dass die IRA „eine bunt gemischte und beträchtliche Menge von Munition, Waffen und Sprengstoff unbrauchbar gemacht“ habe.

Am 18. April stürzt in Mailand ein Flugzeug in das Pirelli-Hochhaus. Ein Attentat wird ausgeschlossen

■ In Algerien wird die Berbersprache offizielle Landessprache neben dem Arabischen. Damit macht die Regierung ein Zugeständnis an die Berber. Bei Unruhen in der von dieser Volksgruppe bewohnten Kabylei im Norden des Landes kamen bislang über 220 Menschen ums Leben.

9. April

■ Nach einem Trauergottesdienst in der Londoner Westminster Abbey wird die Königinmutter beigesetzt.
■ Chinas Präsident Jiang Zemin und der russische Staatschef Wladimir Putin treffen zu Staatsbesuchen in Deutschland ein.
■ Truppen der afghanischen Interimsregierung erschießen acht Bauern auf einer Protestkundgebung von über 2000 Farmern gegen die Beschränkungen des Mohnanbaus.
■ Bei dem Amoklauf eines Polizisten im US-Staat New Jersey sterben fünf Menschen und der Attentäter, der sich nach seiner Tat selbst richtet.

10. April

■ Neun Menschenleben fordert ein palästinensisches Selbstmordattentat auf einen Bus im israelischen Haifa.
■ Aufgrund der Presseberichte über seine angebliche Affäre mit einer Berliner Visagistin wird der Schweizer Botschafter Thomas Borer-Fielding in sein Land zurückbeordert.
■ Der Deutsche Verkehrssicherheitsrat und das Statistische Bundesamt legen die offizielle Verkehrsunfallstatistik für 2001 vor. Demnach war die Zahl der Verkehrstoten mit 6949 so niedrig wie noch nie in den knapp 50 Jahren seit Einführung der Statistik.
■ Der Schuldige für den letzten Ebola-Ausbruch in Gabun und Kongo ist ausgemacht. Es ist ein Gorilla, dessen Überreste gefunden und positiv getestet worden sind.

11. April

■ Neun Tage nach Beginn der israelischen Offensive auf das Flüchtlingslager Dschenin werden die Kampfhandlungen eingestellt.
■ Ein mit Flüssiggas beladener Lastwagen explodiert vor einer Synagoge auf Djerba und reißt 19 Menschen in den Tod. Es kann zunächst nicht geklärt werden, ob es sich dabei um einen Terroranschlag handelt. Erst später stellt sich heraus, dass die Tat ein Terrorakt radikaler Islamisten war.
■ Nach einem Gesetzesbeschluss des jugoslawischen Parlaments zur Auslieferung von Kriegsverbrechern an das Haager Tribunal jagt sich der ehemalige Innenminister Vlajko Stojiljković vor dem Bundesparlament eine Kugel in den Kopf.
■ Zehn Länder ratifizieren die Einsetzung des Internationalen Strafgerichtshof (ICC). Die USA lehnen die Einrichtung weiterhin strikt ab.

12. April

■ Bei einem Selbstmordattentat in Jerusalem kommen mindestens sechs Menschen ums Leben, über 70 weitere werden verletzt.
■ In Venezuela stürzt das Militär den Präsidenten Hugo Chávez. Nach nur 40 Stunden Arrest kehrt er jedoch in sein Amt zurück.

13. April

■ Die Grenzstreitigkeiten zwischen Äthiopien und Eritrea finden mit einem Urteil des Schiedsgerichtshofs in Den Haag ein Ende. Der genaue Grenzverlauf wird zunächst nur Vertretern der beiden Länder mitgeteilt.

14. April

■ Der ehemalige Unabhängigkeitskämpfer Xanana Gusmao wird der erste frei gewählte Präsident Ost-Timors.

15. April

■ Marwan Barguti, Anführer der Fatah-Bewegung und enger Vertrauter von Jassir Arafat, wird von der israelischen Armee verhaftet.
■ In Brooklyn wird Anthony Spero vom US-Bundesgericht zu lebenslanger Haft verurteilt. Der Vizechef des Bonnano-Clans ist einer der mächtigsten Mafia-Bosse New Yorks.

16. April

■ Die niederländische Regierung übernimmt Mitverantwortung an dem Massaker im bosnischen Srebrenica 1995 und tritt zurück.
■ Am ersten Verhandlungstag gegen fünf mutmaßliche Al-Qaeda-Terroristen in Frankfurt

wird einer der Angeklagten wegen Beschimpfung des Gerichts des Saales verwiesen.
■ Mit der Umbenennung in „Kongress für Freiheit und Demokratie Kurdistans" (Kadek) distanziert sich die ehemalige Arbeiterpartei Kurdistans (PKK) von der Anwendung von Gewalt und kündigt an, in Zukunft nur noch auf demokratischen Wegen Veränderungen herbeiführen zu wollen.
■ In Den Haag beginnt der Prozess gegen den wegen Völkermordes, Verbrechen gegen die Menschlichkeit und Kriegsverbrechen angeklagten Milomir Stakić. Der bosnische Serbe war unter anderem für die Gefangenenlager Keraterm, Omarska und Trnopolje verantwortlich.
■ Italien liegt lahm. Mit einem achtstündigen Generalstreik protestieren die Gewerkschaften gegen die Politik der Regierung Berlusconi.

17. April

■ Elfeinhalb Jahre nach seiner Amtsübernahme tritt der sächsische Ministerpräsident Kurt Biedenkopf (CDU) wegen innerparteilicher Unstimmigkeiten zurück.
■ Der selbst ernannte „Todesengel" von Los Angeles wird zu sechsmal „lebenslänglich" verurteilt. Der 32-jährige Krankenpfleger hatte Mitte der 90er Jahre mindestens sechs alten Menschen den Tod gebracht.

18. April

■ In Mailand stürzt ein Kleinflugzeug in das Pirelli-Hochhaus. Außer dem Piloten kommen zwei Menschen im Gebäude ums Leben. Ein Attentat wird nach ersten Ermittlungen ausgeschlossen, vielmehr handelt es sich entweder um einen technischen Defekt, um gesundheitliche Probleme des Piloten oder um einen Selbstmord.

■ König Mohammed Sahir Schah kehrt in seine Heimat Afghanistan zurück. Der 87-Jährige hatte 29 Jahre im Exil verbracht. Nun soll er der afghanischen Volksversammlung Loya Jirga vorstehen.
■ Im arabischen Fernsehsender al Jazeera wird ein Video ausgestrahlt, auf dem einer der Attentäter vom 11. September vor dem Hintergrund der brennenden Türme des World Trade Center von seiner geplanten „Märtyrer-Aktion" spricht. Die Aufnahme ist eine Montage, mit dem Video übernimmt die al Qaeda jedoch zum ersten Mal die Verantwortung für die Anschläge.
■ Vier kanadische Soldaten sterben in Afghanistan durch „friendly fire" eines US-Piloten. Er hatte die Kanadier irrtümlich für feindliche Angreifer gehalten.

20. April

■ Aus dem Brücke-Museum in Berlin werden Bilder im Wert von mehreren Millionen Euro gestohlen. Wahrscheinlich handelt es sich bei dem Raub der Werke von Heckel, Kirchner, Pechstein und Nolde um den Auftrag eines Kunstliebhabers. Die Gemälde sind zu bekannt, um sie auf dem freien Markt verkaufen zu können.

21. April

■ Der Rechtsextremist Jean-Marie Le Pen wird von den Franzosen im ersten Wahldurchgang zum Konkurrenten von Amtsinhaber Jacques Chirac im Kampf um die Präsidentschaft gewählt.
■ In Ruanda wird der ehemalige Präsident des Landes, Pasteur Bizimungu, wegen „illegaler politischer Aktivitäten" verhaftet. Er galt zu seiner Regierungszeit in seiner Eigenschaft als Hutu in der überwiegend aus Tutsi bestehenden Regierung als wichtiger integrationsfördernder Faktor.

22. April

■ Knapp ein Jahr nach dem gewaltsamen Tod seiner Ehefrau steht der US-Schauspieler Robert Blake vor Gericht. Er wird beschuldigt, Bonny Lee Bakley vor einem Restaurant in Los Angeles erschossen zu haben. Blake leugnet die Tat.

23. April

■ Priester, die sich sexuell an Kindern vergehen, müssen mit harten Strafen rechnen. Dies teilt Papst Johannes Paul II. nach einem zweitägigen Krisengipfel mit US-Kardinälen im Vatikan mit. Das Treffen war einberufen worden, nachdem in den USA verstärkt Berichte von Übergriffen von Priestern auf Minderjährige bekannt geworden waren.

24. April

■ In Deutschland soll ein Fonds von zehn Millionen Euro für Terroropfer und deren Angehörige eingerichtet werden.

■ Bis zum ersten berufsqualifizierenden Abschluss bleibt das Studium in Deutschland gebührenfrei, ein Langzeit- oder Aufbaustudium kann allerdings künftig kostenpflichtig werden. Eine entsprechende Änderung des Hochschulrahmengesetzes beschließt der Bundestag mit den Stimmen von SPD und Grünen.

26. April

■ Am Johann-Gutenberg-Gymnasium in Erfurt richtet der ehemalige Schüler Robert Steinhäuser während der Abiturklausuren ein Blutbad an. Der 19-Jährige tötet 16 Menschen, bevor er die Waffe gegen sich selbst richtet. Steinhäuser war der Schule verwiesen worden, weil er Atteste gefälscht hatte.
■ Deutschland ratifiziert als eines der ersten Länder der Europäischen Union das Kyoto-Protokoll für den weltweiten Klimaschutz.

Rechtsrutsch in Frankreich: Nach überraschenden Erfolgen im ersten Wahldurchgang der Präsidentschaftswahlen geht Jean-Marie Le Pen zuversichtlich in die zweite Runde

25. April

■ Der Südafrikaner Mark Shuttleworth startet als zweiter Tourist vom russischen Baikonur aus in den Weltraum.
■ Vor dem UN-Kriegsverbrechertribunal in Den Haag beginnt der Prozess gegen den ehemaligen Generalstabschef der jugoslawischen Streitkräfte, Dragoljub Ojdanić. Er muss sich für Verbrechen gegen die Menschlichkeit und Kriegsverbrechen verantworten.

29. April

■ Die israelische Armee rückt erneut in Hebron ein, mindestens acht Palästinenser sterben bei den Angriffen.

30. April

■ In Hannover endet das bereits 20 Jahre dauernde Verfahren um den Bau des umstrittenen Atomendlagers Schacht Konrad in Salzgitter mit der Zustimmung der niedersächsischen Landesregierung.

Ein Blumenmeer liegt in den Tagen nach dem Amoklauf von Erfurt vor dem Eingang des Johannes-Gutenberg-Gymnasiums

MAI

1. Mai

■ Am Tag der Arbeit gehen über eine Million Franzosen auf die Straße, um gegen den überraschend erfolgreichen rechtspopulistischen Präsidentschaftskandidaten Jean-Marie Le Pen zu protestieren.

■ Bei den Mai-Demonstrationen kommt es in ganz Deutschland zu Straßenschlachten zwischen Demonstranten und der Polizei. In Berlin wird dabei eine Frau durch eine Flasche lebensgefährlich verletzt.

2. Mai

■ Nachdem die Palästinenser sechs mutmaßliche Terroristen ausgeliefert haben, hebt Israel den Hausarrest von Palästinenserführer Jassir Arafat auf.

■ UN-Generalsekretär Kofi Annan gibt die Auflösung des Untersuchungsteams für die Vorfälle im Flüchtlingslager von Dschenin bekannt, nachdem Israel sich immer noch weigert, der Kommission die Einreise zu gewähren.

■ Die kolumbianische Rebellenorganisation FARC sprengt bei einem Attentat in Bojayá einen Gastank in die Luft. Dabei sterben mindestens 60 Menschen. Die Behörden sprechen von einem Massaker mit mindestens 120 Toten.

3. Mai

■ In Erfurt werden die 16 Opfer des Amoklaufes vom Johannes-Gutenberg-Gymnasium beigesetzt.

5. Mai

■ Mit einer überwältigenden Mehrheit von über 82 Prozent der Stimmen gewinnt Jacques Chirac in Frankreich die Präsidentschaftswahl gegen seinen Konkurrenten Jean-Marie Le Pen.

■ Die deutsche Marine erhält das Kommando über die am Horn von Afrika stationierte multinationale Flotte, die dort im Rahmen der Operation „Enduring Freedom" am Kampf gegen den Terrorismus beteiligt ist.

6. Mai

■ Im niederländischen Hilversum tötet ein 32-jähriger Tierschützer den Rechtspopulisten Pim Fortuyn.

■ Vor dem Landgericht in Koblenz wird der Fußballtrainer Christoph Daum vom Vorwurf des 51fachen illegalen Erwerbs von Kokain und der Anstiftung zur Beschaffung von 100 Gramm der Droge freigesprochen. Für den Besitz von Kokain muss Daum jedoch 10 000 Euro an zwei soziale Einrichtungen zahlen.

■ In einem Brief an UN-Generalsekretär Kofi Annan erklären die USA ihren Ausstieg aus dem Vertrag über die Gründung eines internationalen Gerichtshofes zur Strafverfolgung von Völkermord, Kriegsverbrechen, Folter und Massenvergewaltigungen.

7. Mai

■ Bei einem palästinensischen Selbstmordattentat in Tel Aviv kommen mindestens 16 Israelis ums Leben, über 50 weitere werden verletzt.

■ Das Werk „Danaïde" des rumänischen Bildhauers Constantin Brancusi erzielt mit knapp 18,2 Millionen US-Dollar den höchsten Preis, der je auf einer Auktion für eine Skulptur gezahlt wurde.

8. Mai

■ Unter dem Eindruck des Amoklaufs von Erfurt beschließt das Bundeskabinett eine Alterskennzeichnung auch für gewaltverherrlichende Computerspiele.

9. Mai

■ Dem Euro wird als Symbol eines geeinten Europas der Internationale Karlspreis verliehen. Erstmals wird damit eine Sache mit dem Preis ausgezeichnet.

■ Ein Bombenanschlag auf eine Militärparade in der dagestanischen Stadt Kaspijsk tötet 42 Menschen. Die Verantwortung für das Attentat wird tschetschenischen Rebellen im Umkreis des Feldkommandeurs Rapan Chalilow zugeschoben.

10. Mai

■ In Bethlehem endet die Belagerung der Geburtskirche durch die israelische Armee nach 39 Tagen.

■ Der deutsche Söldner Roland Bartetzko wird in Priština wegen Mordes, Mordversuchs und terroristischer Aktivitäten zu 23 Jahren Haft verurteilt. Er hatte während des Krieges im Dienst der kosovo-albanischen UÇK gestanden.

■ Mit der Verurteilung zu lebenslanger Haft des ehemaligen FBI-Agenten Robert Hanssen endet einer der schwersten Spionagefälle in der Geschichte der Vereinigten Staaten. Während seiner 25 Dienstjahre beim FBI war Hanssen 15 Jahre lang als Doppelagent auch für das KGB tätig gewesen.

11. Mai

■ Schwere Überschwemmungen im Nordwesten Chinas treiben über 70 000 Menschen in die Obdachlosigkeit.

■ Im engsten Familienkreis wird Robert Steinhäuser, der Amokschütze von Erfurt, in einem anonymen Grab in seiner Heimatstadt beigesetzt.

12. Mai

■ Guido Westerwelle wird auf dem FDP-Parteitag in Mannheim zum Kanzlerkandidaten der Freidemokraten gekürt. Er ist der erste Liberale, der für das Amt kandidiert.

■ Nachdem sich Mette-Marit, Frau des norwegischen Kronprinzen Haakon, bei einem Fernsehinterview in gleißender Sonne das Gesicht verbrannt hat, tritt der Thronfolger seinen Deutschlandbesuch in München ohne sie an.

■ Als erster hochrangiger US-Politiker seit 1959 besucht der frühere amerikanische Präsident Jimmy Carter Kuba.

13. Mai

■ Der Waffenlobbyist Karl-Heinz Schreiber bezichtigt bei seiner Vernehmung in Toronto vor dem angereisten Parteispenden-Untersuchungsausschuss Edmund Stoiber, Kenntnis von Spenden gehabt zu haben, die Schreiber Ende der achtziger Jahre an die CSU zahlte.

14. Mai

■ Nach einem Attentat auf Zivilisten im indischen Teil Kaschmirs, bei dem 34 Menschen ums Leben kommen, droht Indien Pakistan mit Vergeltungsschlägen.

15. Mai

■ Bei den niederländischen Parlamentswahlen erzielt die Partei des ermordeten Rechtspopulisten Pim Fortuyn den zweithöchsten Anteil der Stimmen. Gewinner der Wahlen sind die bislang oppositionellen Christdemokraten.

16. Mai

■ Der aus Straßburg stammende Stéphane Breitwieser, seine Freundin und seine Mutter sind des Raubes von Kunstwerken im Wert von 1,6 Milliarden Euro überführt. Breitwieser hatte auf Ausflügen zu europäischen Museen Kunstgegenstände mitgehen lassen. Nach seiner Verhaftung im vergangenen November zerstörte seine Mutter die zusammengeklaute Privatsammlung, die in ihrer Wohnung untergebracht war. Die Bilder hatte sie in die Müllzerkleinerungsanlage ihrer Küche gestopft, Instrumente und Vasen dagegen im Rhein-Rhone-Kanal versenkt.

■ Die Stadt Berlin verleiht Marlene Dietrich zehn Jahre nach ihrem Tod für „ihr Lebenswerk, ihr Engagement für ein freiheitliches und lebenswertes Deutschland und ihre ungebrochene Treue zu Berlin“ die Ehrenbürgerwürde.

17. Mai

■ Die israelische Armee rückt in die palästinensischen Städte Dschenin, Nablus und Tulkarem ein.

■ Nach einem Antrag von CDU, SPD und Grünen stimmt der Bundestag mit 543 von 577 Stimmen für die Aufnahme des Tierschutzes als Staatsziel in das Grundgesetz.

■ Über ein halbes Jahrhundert nach ihrer Verurteilung werden Homosexuelle und Deserteure von nationalsozialistischen Unrechtsurteilen pauschal freigesprochen. Das seit 1998 geltende bisherige Gesetz schloss diese beiden Gruppen aus und verlangte für sie eine jeweilige Einzelfallprüfung.

■ Die Pressekammer des Landgerichts Hamburg entscheidet, dass die Nachrichtenagentur ddp nicht mehr Mutmaßungen über die Echtheit der Haarfarbe von Bundeskanzler Gerhard Schröder verbreiten darf.

18. Mai

■ Erstmals fordert die deutsche Bundesregierung Tschechien auf, die Beneš-Dekrete zur Vertreibung der Sudetendeutschen aufzuheben. Tschechiens Premierminister Miloš Zeman gab in Reaktion darauf als Begründung für die Vertreibung an: „Sie wollten heim ins Reich.“

20. Mai

■ Osttimor erklärt seine Unabhängigkeit.

■ Die 500. Folge der ARD-Krimiserie „Tatort“ wird ausgestrahlt.

22. Mai

■ Bei einem palästinensischen Selbstmordanschlag bei Tel Aviv sterben zwei Israelis.

■ US-Präsident George W. Bush trifft zu einem Staatsbesuch in Berlin ein. Gegen Abend kommt es bei den Protestaktionen gegen die Außenpolitik der amerikanischen Regierung zu Ausschreitungen, Polizisten werden mit Flaschen beworfen und US-Flaggen in Brand gesteckt.

■ In einer weiteren Zuspitzung des Kaschmir-Konflikts zwischen Indien und Pakistan droht der indische Premierminister Atal Behari Vajpayee mit einer „Entscheidungsschlacht“. Pakistan reagiert mit der Ankündigung eines Gegenschlages und Truppenverlegungen von der afghanischen an die indische Grenze.

■ Mit Hilfe eines Fahrstuhls begibt sich Papst Johannes Paul II. an Bord des Flugzeuges, das ihn auf seine 96. Auslandsreise bringt. Trotz seines durch die Parkinson-Krankheit stark angeschlagenen Gesundheitszustandes will das Oberhaupt der Katholiken Aserbaidschan und Bulgarien besuchen.

■ Ein Spaziergänger entdeckt in einem Park in Washington Teile eines Skeletts. Es sind die sterblichen Überreste der seit über einem Jahr vermissten Chandra Levy. Die ehemalige Praktikantin und Geliebte des verheirateten Kongressabgeordneten Gary Condit war im Frühjahr 2001 auf mysteriöse Weise verschwunden.

Das Model und der Filmproduzent: Claudia Schiffer und Matthew Vaughn schließen am 25. Mai in der romantischen St. James Church in Shimpling den Bund fürs Leben

23. Mai

■ In einer Rede vor dem deutschen Bundestag mahnt US-Präsident George W. Bush zur Einheit im Kampf gegen den Terrorismus. Während der Ansprache entrollen PDS-Abgeordnete ein Transparent mit der Aufschrift: „Mr. Bush + Mr. Schröder stop your wars“ (Herr Bush + Herr Schröder, beenden Sie Ihre Kriege).

24. Mai

■ Mehr als 100 Bio-Betriebe in Niedersachsen, Mecklenburg-Vorpommern, Sachsen-Anhalt und Nordrhein-Westfalen werden geschlossen, nachdem dort mit dem Herbizid Nitrofen belastete Futtermittel sichergestellt wurden.

■ Mit der Unterzeichnung eines neuen Abrüstungsvertrages durch George W. Bush und Wladimir Putin im Moskauer Kreml verpflichten sich die USA und Russland, ihre nuklearen Arsenale drastisch abzubauen.

■ Die Jahrestagung der Internationalen Walfangkommission im japanischen Shimonoseki endet in einem Streit unter den Mitgliedstaaten. Auf Initiative Japans verlieren in diesem Jahr die Eskimos zum ersten Mal ihr historisches Recht auf Walfang vor der Küste Alaskas. Viele Umweltschutzorganisationen sehen darin einen Racheakt Japans für das Scheitern seines eigenen Antrags auf eine Fangerlaubnis in Küstennähe.

■ In Trondheim heiratet die norwegische Prinzessin Märtha Louise den bürgerlichen Schriftsteller und TV-Filmer Ari Behn. Zuvor hat die Prinzessin sowohl auf ihren Titel „Königliche Hoheit“ als auch auf ihre Apanage verzichtet.

25. Mai

■ Pakistan beginnt trotz internationaler Proteste mit Raketentests. Währenddessen sterben Dutzende von Menschen bei Gefechten in der Kaschmir-Region.

■ Unbekannte Täter tauschen während der Hamburger „Langen Nacht der Museen“ in der Kunsthalle eine Bronzeskulptur des Künstlers Alberto Giacometti gegen eine bemalte Holzkopie aus.

■ In der St. James Church im britischen Shimpling geben sich das deutsche Topmodel Claudia Schiffer und der englische

Filmproduzent Matthew Vaughn das Jawort.

■ Die lettische Sängerin Marie N siegt mit ihrem Latino-Popsong „I Wanna" überraschend beim Schlager-Grand-Prix in der estnischen Hauptstadt Tallinn. Mit Corinna Mays Beitrag „I Can't Live Without Music" landet Deutschland weit abgeschlagen auf Platz 22.

27. Mai

■ Erneut kommen bei einem palästinensischen Selbstmordanschlag in Tel Aviv drei Menschen ums Leben.

28. Mai

■ Nach Bekanntwerden des Nitrofen-Skandals stoppt der Einzelhandel den Verkauf von Bio-Produkten. Zehntausende von Hühnern, die in den ökologischen Betrieben mit dem Herbizid-belasteten Futtermittel ernährt wurden, werden notgeschlachtet.

■ Mit Unterzeichnung der „Erklärung von Rom" gehen die Nato und Russland erstmals ein Verteidigungsbündnis ein. Hauptaufgabe des Nato-Russland-Rats wird unter anderem die Koordination der Bekämpfung des Terrorismus.

■ In einem offenen Brief bezeichnet Frank Schirrmacher, Mitherausgeber der Frankfurter Allgemeinen Zeitung, den neuen Roman von Martin Walser „Tod eines Kritikers" als „Dokument des Hasses" und „Mordphantasie". Die Zeitung weigert sich, einen Vorabdruck zu veröffentlichen, weil das Buch mit dem „Repertoire antisemitischer Klischees" spiele.

30. Mai

■ Mit einer Zeremonie enden nach 262 Tagen offiziell die Aufräumarbeiten am „Ground Zero" in New York.

■ Das amerikanische Bundeskriminalamt FBI darf sich künftig in Internetchats einschalten und Internetdateien durchforsten. Mit diesen neuen Richtlinien werden die Befugnisse des FBI im Zuge des Kampfes gegen den Terrorismus stark erweitert.

■ Nach einem Beschluss des Nationalen Sicherheitsrates in Ankara soll in weiten Teilen Südostanatoliens der Ausnahmezustand erstmals seit 18 Jahren aufgehoben werden. Die türkische Regierung hatte ihn 1984 in den überwiegend von Kurden bewohnten Gebieten verhängt, um dem Guerillakrieg der kurdischen Partei PKK entgegenzuwirken.

31. Mai

■ Die 17. Fußballweltmeisterschaft beginnt in der südkoreanischen Hauptstadt Seoul. Das Turnier wird zum ersten Mal in seiner Geschichte in Asien ausgetragen.

JUNI

1. Juni

■ Eine Lagerhalle in Mecklenburg-Vorpommern wird als Quelle der Nitrofen-Verseuchung von Öko-Produkten ausgemacht. In der Halle können die Prüfer nitrofenhaltigen Staub nachweisen.

■ Mit einem sensationellen 8:0 besiegt Deutschland in seinem ersten Spiel der Fußballweltmeisterschaft die Mannschaft aus Saudi-Arabien.

4. Juni

■ Umjubelt von einer Million Menschen fährt die britische Königin Elizabeth II. zum Höhepunkt der Feiern ihres 50-jährigen Thronjubiläums in einer goldenen Kutsche durch die Straßen Londons.

5. Juni

■ Bei einem palästinensischen Selbstmordanschlag in Megiddo sterben mindestens 18 Israelis, mindestens 36 weitere werden verletzt.

■ Für einen Auftragsmord werden im niederländischen Antwerpen vier Mitglieder der „Hormonmafia" zu hohen Haftstrafen verurteilt. Sie werden beschuldigt, 1995 den Veterinärsinspektor Karel Van Noppen getötet zu haben, als dieser einem Rindermastskandal auf der Spur war.

6. Juni

■ Die israelische Armee greift die palästinensische Stadt Ramallah an. Ziel der Offensive ist vor allem das Hauptquartier von Palästinenserführer Jassir Arafat.

■ In einem Telefonat teilt der amerikanische Präsident George W. Bush dem russischen Staatschef Wladimir Putin mit, dass die USA Russland den Status der Marktwirtschaft zuerkennen.

■ Die Vereinigten Staaten bekommen ein neues Ministerium. US-Präsident George W. Bush gibt bekannt, dass das neue Ministerium für Heimatschutz („Department of Homeland Security") der Zahl seiner Mitarbeiter zufolge künftig nach dem Pentagon und dem Ministerium für Veteranen-Angelegenheiten die drittgrößte Behörde des Landes werden soll.

7. Juni

■ Erneut dringt die israelische Armee in die palästinensische Stadt Dschenin ein.

■ Der Neffe des populären ehemaligen US-Präsidenten John F. Kennedy, Michael Skakel, wird, 26 Jahre nachdem der damals 15-Jährige die Nachbarstochter Martha Moxley brutal mit einem Golfschläger tötete, des Mordes für schuldig befunden.

■ In Anwesenheit des belgischen Königs Albert II. und des Bundespräsidenten Johannes Rau beginnt der Abzug der letzten belgischen Soldaten aus Deutschland. Die belgischen Streitkräfte waren gut 50 Jahre lang im Rheinland stationiert gewesen.

■ Bayern wird von schweren Unwettern heimgesucht. Nach stundenlangem Sturzregen werden die Bäche zu reißenden Flüssen, vier Menschen sterben in den Fluten.

8. Juni

■ Der vierte Platz in der Thronfolge des niederländischen Königshauses ist neu besetzt. In einem Krankenhaus in Den Haag wird Eloise Sophie Beatrix geboren, Tochter des jüngsten Königssohnes Prinz Constantijn und seiner Frau Prinzessin Laurentien.

■ Beim Verbrennen eines Briefes ihres von ihr getrennt lebenden Ehemannes löst eine Försterin die verheerendsten Waldbrände in der Geschichte des US-Bundesstaates Colorado aus. Im folgenden Monat fallen 557 Quadratkilometer Wald und 133 Häuser dem so genannten Hayman-Feuer zum Opfer.

Zwei Wochen warteten 107 Wissenschaftler und Besatzungsmitglieder der „Magdalena Oldendorff" im Eis der Antarktis auf die Rettung

Mit einem 2:0-Sieg über die deutsche Mannschaft wird Brasilien zum fünften Mal Fußballweltmeister

9. Juni

■ Mit dem Fund von zehn toten Seehunden vor der Küste Dänemarks steigt die Zahl der verendeten Tiere auf über 300. Als Ursache für das diesjährige Massensterben von Seehunden wird ein Virus vermutet.

10. Juni

■ Nach dem Sieg Japans über Russland bei der Fußballweltmeisterschaft kommt es in Moskau zu Krawallen, bei denen zwei Menschen sterben.

11. Juni

■ Der britische Thronfolger Prinz Charles kommt nach Deutschland, um in Lübeck den Preis der Stiftung Europäisches Naturerbe entgegenzunehmen.

12. Juni

■ Auf dem irischen Schloss Leslie geben sich der Beatle Paul McCartney und das 25 Jahre jüngere ehemalige Badeanzug-Model Heather Mills das Jawort.

■ Nach Todesdrohungen der FARC fliehen etwa 30 Bürgermeister in Südkolumbien aus ihren Städten oder treten von ihren Ämtern zurück.

13. Juni

■ Der afghanische Interimsregent Hamid Karzai wird von der Loya Jirga zum Staatspräsidenten gewählt.

■ Die CDU muss 21 Millionen Euro staatliche Zuschüsse zurückerstatten, weil sie schwarze Kassen geführt hat.

■ In der Kölner Schmiergeld-Affäre werden die SPD-Politiker Karl Wienand und Norbert Rüther sowie der Unternehmer Hellmut Trienekens verhaftet.

14. Juni

■ Mindestens elf Menschen kommen ums Leben, als vor dem US-Konsulat im pakistanischen Karatschi eine Autobombe explodiert.

■ Katholische Priester, die in den USA Minderjährige sexuell mißbrauchen, werden zwar künftig ihrer seelsorgerischen Aufgaben entbunden, dürfen die Priesterwürde jedoch weiterhin behalten. Zu diesem Entschluss kommen die amerikanischen Bischöfe auf einer Tagung in Dallas im US-Bundesstaat Texas.

■ Die Familiensaga „Nirgendwo in Afrika“ erhält bei der Verleihung des Deutschen Filmpreises fünf Lolas.

15. Juni

■ Mit Vollendung der Streckenarbeiten zwischen den Stationen Westhafen und Gesundbrunnen schließt sich die letzte Lücke im nach dem Mauerfall erstmals wieder vollständigen S-Bahn-Ring Berlins.

16. Juni

■ Israel beginnt mit dem Bau eines mehr als 110 Kilometer langen Schutzwalls entlang der Grenze zum Westjordanland.

■ Bereits vor ihrer Veröffentlichung sickern einige Ergebnisse der Pisa-Studie zum ersten innerdeutschen Schulvergleich durch. Demnach sollen die Bundesländer, in denen die Union an der Regierung ist, deutlich besser abgeschnitten haben als die sozialdemokratisch regierten. Die Ergebnisse führen zu einem heftigen Parteienstreit.

■ Der seit Jahrzehnten bereits wie ein Heiliger verehrte italienische Kapuzinermönch Padre Pio (1887–1968) wird vom Papst nun auch offiziell heilig gesprochen.

17. Juni

■ Unter dem Druck der Konservativen erklärt sich der zukünftige Präsident Hamid Karzai dazu bereit, in Afghanistan die islamische Rechtsprechung (Scharia) einzuführen.

18. Juni

■ Bei einem palästinensischen Selbstmordanschlag in Jerusalem sterben 19 Menschen.

■ Deutschland hat hitzefrei. Mit 39,4 Grad Celsius wird in Koblenz die höchste Temperatur gemessen, die je im Monat Juni erreicht wurde.

19. Juni

■ Erneut tötet ein palästinensischer Selbstmordattentäter in Jerusalem sechs Israelis.

■ Die israelische Armee startet Angriffe auf palästinensische Städte im Westjordanland und im Gaza-Streifen.

■ Vor der Loya Jirga wird Hamid Karzai als Staatspräsident Afghanistans vereidigt.

■ Der Pilot einer einmotorigen Cessna verfliegt sich im Luftraum über Washington und löst damit eine Evakuierung des Weißen Hauses aus.

■ In der Bundesrepublik beginnt die Verschrottung der alten D-Mark-Münzen. Das Altmetall soll als Rohstoff wiederverwertet werden.

21. Juni

■ Im Halbfinale der Fußballweltmeisterschaft besiegt Deutschland die USA mit 1:0.

■ Zwölf Jahre nach dem letzten Fall von Kinderlähmung in Deutschland erklären die Weltgesundheitsorganisation WHO und das UN-Kinderhilfswerk Unicef Europa zum poliofreien Kontinent.

22. Juni

■ Ein Erdbeben der Stärke 6,3 auf der Richter-Skala erschüttert den Nordwesten des Iran. Etwa 230 Menschen kommen ums Leben, 12 000 werden obdachlos.

23. Juni

■ Mit einer im arabischen TV-Sender al Jazeera ausgestrahlten Tonbandbotschaft übernimmt die al Qaeda die Verantwortung für den Anschlag auf die Synagoge von Djerba.

24. Juni

■ Die „Bild“-Zeitung feiert ihren 50. Geburtstag.

25. Juni

■ Mit Ausnahme von Jericho hält die israelische Armee alle palästinensischen Städte im Westjordanland besetzt.

■ Bayerns Schüler sind laut Pisa-Studie die besten. Die Kinder des südlichsten Bundeslandes lassen in dem innerdeutschen Schulleistungsvergleich ihre Altersgenossen aus den übrigen Bundesländern weit hinter sich.

■ Die restlichen DDR-Banknoten gehen in Flammen auf. Rund 3000 Tonnen Papiergeld, die bisher noch in der früheren DDR-Staatsbank gelagert waren, werden zur Vernichtung dem Feuer übergeben.

■ Während in Simbabwe eine der schlimmsten Dürrekatastrophen der vergangenen Jahre wütet, tritt ein Arbeitsverbot für weiße Farmer in Kraft. Seit das Gesetz am 10. Mai verabschiedet wurde, hatten sie Zeit gehabt, ihre Arbeit zu beenden. Die nächsten 45 Tage werden ihnen nun zugestanden, um ihre Farmen zu räumen.

■ Mit einem silberfarbenen Golf, der in Wolfsburg vom Fließband rollt, wird der Käfer als bislang meistgebautes Volkswagenmodell vom Golf überholt.

26. Juni

■ Erstmals seit 70 Jahren dürfen die russischen Bauern wieder eigenen Grund und Boden erwerben. Die historische Entscheidung über die Landreform wird von der Duma in Moskau gegen die Stimmen der Kommunisten gefällt.
■ Russland wird als vollwertiges Mitglied in die Runde der führenden Industrienationen der Erde (G 8) aufgenommen.
■ Der Weltwirtschaftsbericht der Vereinten Nationen bestätigt, dass das globale Bruttosozialprodukt im vergangenen Jahr drastisch gesunken ist. Bedingt durch Wertverluste von Technologieaktien und die wirtschaftlichen Folgen der Anschläge vom 11. September durchlebte die Weltwirtschaft ihren stärksten Abwärtstrend seit zehn Jahren.

27. Juni

■ Die ersten 50 000 Exemplare von Martin Walsers umstrittenem Roman „Tod eines Kritikers“ gehen in den Verkauf.
■ Für die 107 auf der „Magdalena Oldendorff“ im Eis der Antarktis eingeschlossenen Wissenschaftler und Besatzungsmitglieder beginnt nach zweiwöchigem Ausharren die Rettungsaktion. Hubschrauber sollen sie von dem festsitzenden Frachter an Bord des südafrikanischen Forschungsschiffes „Agulhas“ bringen.
■ Der Loreley-Felsen und das gesamte Mittelrheintal werden auf die Liste des Weltkulturerbes der Unesco gesetzt.

28. Juni

■ Über 575 000 Palästinenser ist eine Ausgangssperre verhängt.

29. Juni

■ Nord- und südkoreanische Kriegsschiffe liefern sich im Gelben Meer ein schweres Feuergefecht.

30. Juni

■ Brasilien wird mit einem 2:0-Sieg über die deutsche Mannschaft zum fünften Mal Fußballweltmeister.

JULI

1. Juli

■ Nördlich des Bodensees prallen eine russische Passagiermaschine und ein Frachtflugzeug zusammen. 71 Menschen kommen ums Leben.
■ Zunächst nur bestehend aus einem Büro nimmt der Internationale Strafgerichtshof (ICC) in Den Haag seine Arbeit auf. Richter und Ankläger des Gerichtshofes sollen 2003 ernannt werden.
■ Bei der Bombardierung des südafghanischen Heimatdorfes des flüchtigen Taliban-Anführers Mullah Mohammed Omar töten US-Soldaten nach unterschiedlichen Angaben 20 bis 100 Zivilisten. In dem Dorf fand zum Zeitpunkt des Angriffs eine Hochzeitsfeierlichkeit statt.
■ Nach Schätzungen der UN werden innerhalb der nächsten 20 Jahre 70 Millionen Menschen der Seuche Aids zum Opfer fallen, wenn nicht mehr gegen die Ausbreitung der Krankheit unternommen wird. Bisher sind etwa 40 Millionen Menschen mit dem HIV-Virus infiziert, rund 20 Millionen sind an Aids gestorben, seit die Krankheit 1981 entdeckt wurde.

2. Juli

■ In New York präsentiert Daimler-Chrysler die 360 000 Euro teure Luxuslimousine „Maybach“.

4. Juli

■ Nach 15 Tagen und 34 000 Kilometern landet der Weltumrunder Steve Fossett im australischen Bundesstaat Queensland. Im sechsten Versuch hat Fossett es endlich geschafft, die Erde in einem Heißluftballon zu umfliegen.
■ Der Neffe von Saddam Hussein, Mohammed Saffi, wird in Miami verhaftet. Er hatte versucht, einen Flug-Kurs in den Vereinigten Staaten zu absolvieren, ohne das entsprechende Visum zu haben.

6. Juli

■ Hadschi Abdul Kadir, einer von drei Stellvertretern des afghanischen Präsidenten Hamid Karzai und Stadtentwicklungsminister, wird in Kabul erschossen.

7. Juli

■ 180 Götterstatuen und Altäre teilen sich 700 Quadratmeter im neu eröffneten Hindu-Tempel im westfälischen Hamm. Der knapp eine Million Euro teure Bau ist der größte Tempel der hinduistischen Religion in Europa.

9. Juli

■ Das ehemalige Bundesamt für die Anerkennung ausländischer Flüchtlinge wird von Bundesinnenminister Otto Schily (SPD) in das Bundesam für Migration und Flüchtlinge umgewandelt. Zu Beginn des nächsten Jahres wird die neu ge staltete Behörde auf der Grundlage des neuen Zuwanderungsgesetzes für die gesamte Integrationsförderung zuständig sein.
■ Aus der Organisation Afrikanische Einheit (OAU) wird die Afrikanische Union (AU). Die im südafrikanischen Durban neu gegründete Vereinigung setzt sich die Bekämpfung der Armut und die Wahrung der Menschenrechte zum Ziel.

10. Juli

■ Berlin wird von einem schweren Unwetter heimgesucht. Der Orkan mit Spitzengeschwindigkeiten von bis zu 152 Kilometern pro Stunde fordert vier Menschenleben.
■ Bei einer Auktion in London erzielt das Bild „Das Massaker der Unschuldigen“ von Peter Paul Rubens (1577–1640) die Rekordsumme von 49,5 Millionen Pfund (77,3 Millionen Euro).
■ Nach einem Bericht der britischen Fachzeitschrift „Nature“ haben Forscher im Tschad den Schädel des bislang frühesten Menschen der Welt gefunden. Die zwei Bruchstücke von Unterkiefern und

Zum Baden freigegeben: Am ersten Internationalen Elbe-Badetag freuen sich Tausende über die gute Wasserqualität

drei Zähne seien schätzungsweise sechs bis sieben Millionen Jahre alt und stammten aus der Zeit der Trennung des Menschen vom Affen.

■ Die Fundstätte des 1856 entdeckten Neandertal-Menschen nahe der Stadt Mettmann ist wieder der Öffentlichkeit zugänglich, nachdem sie jahrzehntelang als Autoschrottplatz gedient hatte.

12. Juli

■ Großbritannien und Spanien einigen sich auf eine Teilung der Souveränität über Gibraltar. Fortan sollen die Bewohner der britischen Kolonie im Süden der Iberischen Halbinsel beide Nationalitäten annehmen können.

13. Juli

■ Wegen des Verdachts auf Steuerhinterziehung erhebt die Staatsanwaltschaft München I Anklage gegen Boris Becker. Der Tennis-Star soll mit einem vorgetäuschten Wohnsitz in Monaco gut fünf Millionen Euro Steuern hinterzogen haben.

14. Juli

■ Während der Militärparade am französischen Nationalfeiertag in Paris wird ein Attentat auf den Präsidenten Jacques Chirac verübt. Der Täter, ein 25-jähriger Rechtsradikaler, kann überwältigt und festgenommen werden, Chirac bleibt unverletzt.

■ Zum ersten Internationalen Elbe-Badetag steigen Tausende von Menschen in den ehemals stark verschmutzten Fluss. Von der Quelle im tschechischen Riesengebirge bis zur Mündung bei Cuxhaven ist die Elbe wieder „bebadbar".

15. Juli

■ Erstmals seit zweieinhalb Jahren erreicht der Euro wieder den gleichen Wert wie der US-Dollar.

■ Für den Mord an dem US-Journalisten Daniel Pearl verurteilt ein pakistanisches Sondergericht den radikalen Muslim Sheikh Omar zum Tode.

■ Nach dem Durchsieben der letzten Schuttladung vom „Ground Zero" wird die Suche nach menschlichen Überresten für beendet erklärt. Von 2823 offiziellen Opfern konnten bislang nur 1215 identifiziert werden.

■ Mit dem Versprechen der Kooperationsbereitschaft gegenüber der Regierung erkauft sich der „amerikanische Taliban" John Walker Lindh eine Herabstufung seiner Haftstrafe auf zwei mal zehn Jahre, die er sogar in einem Gefängnis in der Nähe seiner Familie verbringen darf.

■ Unerwartet veröffentlicht die Irische Befreiungsarmee ein Statement, in dem sie sich für den Tod von Zivilisten entschuldigt. Hunderte von Unschuldigen sind während der vergangenen 30 Jahre bei Terroranschlägen der IRA ums Leben gekommen.

16. Juli

■ Sieben Israelis sterben bei einem palästinensischen Attentat bei Emmanuel im Westjordanland.

■ Der Vorstandsvorsitzende der Deutschen Telekom, Ron Sommer, tritt zurück.

■ „Mehmet" darf wieder nach Deutschland. Der 1998 in die Türkei abgeschobene jugendliche Serienstraftäter bekommt vom Bundesverwaltungsgericht erneut die Berechtigung für eine Aufenthaltserlaubnis zugesprochen.

■ Ausläufer von El Niño wüten in den Anden. In Südperu erfrieren 59 Menschen bei einem plötzlichen Kälteeinbruch, 70 Menschen werden von einem Erdrutsch in Ecuador in den Tod gerissen.

Am 16. Juli kommt das Aus für Ron Sommer. Der Vorstandsvorsitzende der Deutschen Telekom tritt von seinem Amt zurück

17. Juli

■ Im Streit um die Isla del Perejil, die „Petersilieninsel", stürmt die spanische Armee das etwa 150 000 Quadratmeter große unbewohnte Eiland in der Straße von Gibraltar und erobert es von den Marokkanern zurück. Diese halten es seit sechs Tagen besetzt.

18. Juli

■ Verteidigungsminister Rudolf Scharping tritt zurück. Der Anlass sind Medienberichte über Honorarzahlungen des Frankfurter PR-Unternehmers Hunzinger. Scharpings Nachfolge tritt der bisherige SPD-Fraktionsvorsitzende Peter Struck an.

19. Juli

■ Mehr als 1800 landwirtschaftliche Betriebe, vornehmlich in Niedersachsen und Nordrhein-Westfalen, werden als Vorsichtsmaßnahme gesperrt, nachdem am Tag zuvor auf zwei Höfen mit dem Hormon MPA belastete Futtermittel sichergestellt wurden.

■ Eine Untersuchung des Londoner High Court ergibt, dass der britische Arzt Dr. Harold Shipman 215 seiner Patienten in den Tod schickte. Mit diesen nachgewiesenen Morden und Verdacht auf Mord in 45 weiteren Fällen ist Shipman der „erfolgreichste" Serienmörder aller Zeiten.

20. Juli

■ Die „Petersilien-Krise" um das unbewohnte Eiland in der Straße von Gibraltar wird mit einer Einigung zwischen Spanien und Marokko beendet. Wie in den 42 Jahren vor der marokkanischen Besetzung wird die Petersilieninsel wieder zum Niemandsland erklärt.

■ Der Rostocker Stadtteil Lichtenhagen wird zum Schauplatz ausländerfeindlicher Krawalle. Ziele der Molotowcocktails sind ein asiatischer Supermarkt und ein Büro der Arbeiterwohlfahrt im so genannten Sonnenblumenhaus.

21. Juli

■ Zum fünften Mal wird Michael Schumacher Formel-1-Weltmeister. Bereits sechs Rennen vor Saisonende kann er mit 96 Punkten Vorsprung vor seinen Konkurrenten nicht mehr eingeholt werden.

22. Juli

■ Mindestens 17 Tote, über die Hälfte davon Kinder, fordert ein israelischer Angriff auf Gaza-Stadt.

■ Im Rheinland bebt die Erde. Die Erschütterungen erreichen eine Stärke von 5,0 auf der Richter-Skala und sind die schwersten in Deutschland seit zehn Jahren.

■ Die tschechische Polizei kommt einem Mordkomplott gegen die Prager Journalistin Sabina Slonkova auf die Spur.

Der durch die Arbeit Slonkovas zum Rücktritt gezwungene ehemalige Kanzleichef des Außenministeriums Karel Srba soll gemeinsam mit seiner Lebensgefährtin geplant haben, die Journalistin mit einem Sprengstoffattentat aus dem Weg zu räumen.

■ Drei Jahre nach Ende seiner Herrschaft wird bekannt, dass unter dem Regime von Perus Ex-Präsidenten Alberto Fujimori 200 000 Menschen zwangssterilisiert wurden.

23. Juli

■ Wegen Einnahme unerlaubter Amphetamine verhängt das Sportgericht des Bundes Deutscher Radfahrer eine sechsmonatige Sperre für den Star des Telekom-Teams, Jan Ullrich.

■ Der brandenburgische Justizminister Kurt Schelter (CDU) tritt von seinem Amt zurück. Er steht im Verdacht, mit fragwürdigen Immobiliengeschäften Steuern hinterzogen zu haben.

■ Schüler in Niedersachsen sollen künftig probeweise die Möglichkeit haben, an der Schule islamischen Religionsunterricht zu bekommen. Der Versuch wird zunächst zeitlich begrenzt.

24. Juli

■ Bereits 2000 Seehunde sind am Staupevirus gestorben. Das Wattenmeersekretariat Dänemarks, Deutschlands und der Niederlande teilt mit, dass sich der Ausbruch der Seuche auf Kattegat und Skagerrak sowie auf die holländische Küste beschränkt, während die Nordsee vor den Küsten Deutschlands und Dänemarks bislang noch verschont wurde.

25. Juli

■ Zwischen Frankfurt und Köln wird die neue ICE-Schnellstrecke eröffnet. Die Fahrtzeit zwischen den beiden Städten verringert sich damit um eine Stunde auf nur noch 76 Minuten.

■ Brasilien überwacht seinen Urwald künftig elektronisch. Das so genannte Sivam-Projekt soll zur Verbesserung des Umweltschutzes dienen und die illegalen Aktivitäten von Drogen- und Waffenhändlern sowie unerlaubte Raubholzungen aufdecken helfen.

26. Juli

■ Der innenpolitische Sprecher der Grünen, Cem Özdemir, tritt von seinem Amt zurück. Er wird beschuldigt, einen umstrittenen Kredit vom PR-Unternehmer Hunzinger angenommen und an Dienstflüge gebundene Bonusmeilen für private Zwecke genutzt zu haben.

27. Juli

■ Bei einer Flugshow in der ukrainischen Stadt Lwiw (Lemberg) stürzt ein Kampfjet vom Typ SU-27 in eine Zuschauermenge und reißt 85 Menschen in den Tod.

28. Juli

■ Der Amerikaner Lance Armstrong gewinnt zum vierten Mal die Tour de France.

29. Juli

■ Die Südsudanesische Befreiungsbewegung (SSLM) verschleppt zwei deutsche Mitarbeiter der Hilfsorganisation World Vision. Steffen Horstmeier und Ekkehard Forberg geraten in die Hände der Rebellen, als diese ein Gefängnis stürmen.

30. Juli

■ Ein 90-Meter-Rotor macht die in Postlow bei Anklam (Mecklenburg-Vorpommern) in die Testphase gehende Serien-Windkraftanlage zur größten der Welt. Während der kommenden sechs Monate soll sich die Windanlage mit einer Leistung von 2,3 Megawatt bewähren.

■ Mit dem Ordensgründer und Armenpriester Pedro de San José Betancurt (1626–1667) wird erstmals ein Mittelamerikaner heilig gesprochen. Papst Johannes Paul II. vollzieht die Heiligsprechung auf einer Zwischenstation seiner elftägigen Reise durch den südamerikanischen Kontinent in Guatemala.

■ Ruanda und Kongo schließen ein Friedensabkommen. Damit wird der vierjährige Konflikt zwischen den beiden Staaten offiziell für beendet erklärt.

31. Juli

■ Bei einem palästinensischen Anschlag in der Universität von Jerusalem sterben neun Menschen.

■ Nach Cem Özdemir tritt auch Gregor Gysi, Berliner Bürgermeister und Wirtschaftssenator, zurück. Dem PDS-Politiker wird vorgeworfen, auf Dienstflügen erworbene Bonusmeilen für private Zwecke genutzt zu haben.

AUGUST

1. August

■ UN-Generalsekretär Kofi Annan gibt das Ergebnis der Untersuchung der Vorfälle im palästinensischen Flüchtlingslager von Dschenin im April bekannt. Während die palästinensische Seite von 500 Toten ausgeht, bestätigt der UN-Bericht 52 getötete Palästinenser, die Hälfte davon Zivilisten.

■ Juan Diego (1474–1548) wird der erste heiliggesproche Ureinwohner Amerikas. Papst Johannes Paul II. vollzieht die Zeremonie bei seinem Besuch in Mexiko-Stadt.

■ Der König von Swasiland kauft sich einen neuen Jet. De Preis dafür beträgt 55 Million US-Dollar – doppelt so viel wie die Summe, die die UN dem Land zur Bekämpfung de aktuellen Hungerkatastrophe bewilligt haben.

2. August

■ Bei Angriffen der israelische Armee auf die palästinensisch Stadt Nablus sterben drei Palästinenser.

3. August

■ Franziska von Almsick stellt bei den Schwimm-Europameisterschaften in Berlin einen Weltrekord über 200 Meter Freistil auf.

4. August

■ Zehn Menschen kommen b einem palästinensischen Selbs mordanschlag bei Safed ums Leben.

■ In der „Bild am Sonntag" plädiert der außenpolitische Experte der CDU, Wolfgang Schäuble, für eine deutsche Beteiligung an einem Krieg geg den Irak. Sowohl Bundeskanzle Schröder als auch Außenmini ter Fischer lehnen die Angriffs pläne der US-Regierung ab.

Immer mehr Seehunde verenden am Staupevirus. Von Kattegat und Skagerrak breitet sich die Seuche über das Wattenmeer aus

5. August

■ Die israelische Armee riegelt das nördliche Westjordanland und den südlichen Gaza-Streifen komplett ab.

■ Der deutsche Aktienindex Dax erreicht seinen tiefsten Stand seit fünf Jahren.

6. August

■ Barney, Hund des US-Präsidenten George W. Bush, verweigert den Befehl seines Herrchens, das Flugzeug Air Force One zu besteigen.

■ Schwere Regenfälle beginnen in Ober- und Niederösterreich, Tschechien, Ost- und Süddeutschland, der russischen Schwarzmeerregion, Rumänien, Norditalien, Nordostspanien und der Slowakai niederzugehen.

7. August

■ Bei Angriffen der israelischen Armee auf Städte im Gaza-Streifen und dem Einsatz israelischer Spezialeinheiten in der palästinensischen Stadt Tulkarem kommen drei Palästinenser ums Leben.

■ Über vier Millionen Menschen sind in Deutschland als arbeitslos registriert.

■ Während der Vereidigung des kolumbianischen Präsidenten Alvaro Uribe im Kongressgebäude in der Hauptstadt Bogotá feuern Rebellen der FARC Mörsergranaten auf dessen benachbarten Amtssitz. Eine Granate schlägt in einer nahe gelegenen Armensiedlung ein und tötet mindestens 13 Menschen.

■ In Sambia weigert sich die Regierung, gespendetes genmanipuliertes Getreide an die von einer schweren Hungersnot bedrohte Bevölkerung des Landes auszugeben.

■ Die Meteorologen registrieren in Deutschland, Österreich, Norditalien und auf dem Balkan die stärksten Regenfälle seit Beginn der Wetteraufzeichnung im Jahre 1896.

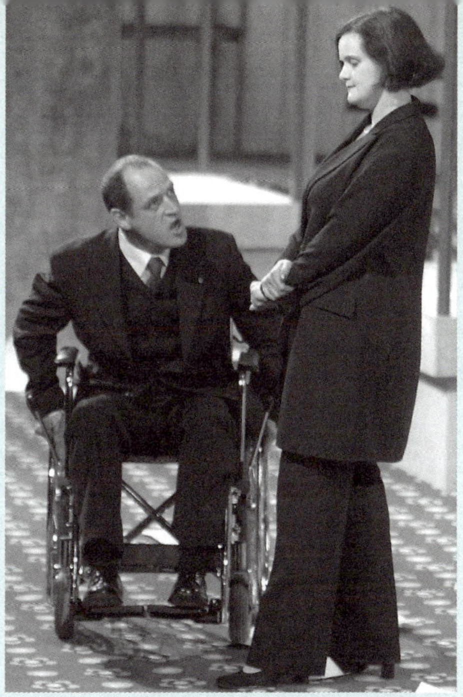

Eine Oper für die Chefin: „Angela. Eine Nationaloper" ist der CDU-Parteichefin Angela Merkel gewidmet. Am 18. August feiert das Werk in Berlin Premiere

8. August

■ Deutschland hat in der ersten Hälfte 2002 fast 30 Prozent weniger Drogentote als im entsprechenden Vorjahreszeitraum.

9. August

■ Mit ihrem Konzept zur Beseitigung der Arbeitslosigkeit hofft die Hartz-Kommission, die Zahl der arbeitslosen Deutschen bis zum Jahr 2005 auf zwei Millionen zu halbieren.

■ Eine Feriensiedlung an der russischen Schwarzmeerküste wird von den Wassermassen der Unwetter weggespült. 58 Menschen sterben.

10. August

■ In Bayern fallen stellenweise bis zu 80 Liter Regen pro Quadratmeter. Die ersten Flüsse treten über die Ufer.

11. August

■ Das Tief „Ilse" erreicht das Erzgebirge. Der Deutsche Wetterdienst gibt eine Unwetterwarnung für Sachsen heraus und prognostiziert örtliche Starkniederschläge. Für den Landkreis Passau gilt nach dem heftigen Regen bereits der Katastrophenalarm.

12. August

■ Aufgrund von Auseinandersetzungen zwischen der Fußball-Liga und den Nachrichtenagenturen erscheinen zum ersten Mal die Sportseiten der Zeitungen ohne Agentur-Bilder vom Wochenende.

■ Die Bäche des Erzgebirges werden zu reißenden Strömen. Viele Orte müssen evakuiert werden. Der öffentliche Nahverkehr in Leipzig kommt stellenweise zum Erliegen.

13. August

■ Auch die deutsche Küste ist nun vom Seehund-Sterben betroffen. Bislang wurden an den niedersächsischen Stränden 186 am Staupevirus verendete Tiere angespült. Insgesamt beläuft sich die Zahl der toten Seehunde auf etwa 5400.

■ Die Flut tobt durch Deutschland. Überall entlang der Elbe werden Dörfer und Städte evakuiert, Sandsäcke geschleppt und Notunterkünfte errichtet. Dresden versinkt in der Flut. Auch im bayerischen Passau stehen Teile der Altstadt unter Wasser. Der Seelöwe Gaston kann bei der Evakuierung des Prager Zoos den steigenden Wassermassen entkommen und schwimmt die Moldau hinab in Richtung Deutschland.

14. August

■ Weißrussland soll mit Russland einen gemeinsamen Staat bilden. Allerdings stößt der Vorschlag des russischen Präsidenten Wladimir Putin, der vorsieht, die beiden Staaten schon 2004 unter der Dominanz Russlands zu vereinigen, bei seinem weißrussischen Kollegen Alexander Lukaschenko auf wenig Gegenliebe.

■ In Dresden werden ganze Stadtteile evakuiert. Auch in Prag steigt das Wasser weiter und zwingt die Menschen, ihre Häuser zu verlassen.

15. August

■ Das Studium bis zum ersten berufsqualifizierenden Abschluss bleibt auch in Zukunft gebührenfrei.

■ Tarnjacken gibt es nur noch privat. Mit der Unterzeichnung des Vertrages zur Gründung der „LH Bundeswehr Bekleidungsgesellschaft" besiegelt Verteidigungsminister Peter Struck (SPD) die vollständige Privatisierung der Bekleidungs-Kammer der deutschen Bundeswehr.

■ Die Chemiefabrik Spolana in der Ortschaft Neratovice nördlich von Prag versinkt in den Fluten. Chlorgas entweicht und führt zu einem Giftgasalarm der höchsten Stufe III. Am Abend steht der Zwinger in Dresden unter Wasser.

16. August

■ Bitterfeld und Magdeburg bereiten sich auf größere Evakuierungsmaßnahmen vor. Der Wasserpegel in Dresden erreicht einen historischen Höchststand von über neun Metern.

17. August

■ Bei 9,40 Metern bleibt der Wasserpegel in Dresden endgültig stehen.

18. August

■ „Angela. Eine Nationaloper" feiert in Berlin Premiere. Sie ist der CDU-Chefin Angela Merkel gewidmet.

■ Obwohl der Wasserstand endlich sinkt, brechen in Sachsen und Sachsen-Anhalt mehrere Deiche, die dem Druck des Wassers nicht mehr standhalten können.

19. August

■ Erneut ist die palästinensische Stadt Tulkarem das Ziel von Angriffen der israelischen Armee. Mindestens fünf Menschen kommen ums Leben.

■ Ein Großraumhubschrauber vom Typ Mi-26 der russischen Luftwaffe wird über einem Minenfeld nahe Grosnyj abgeschossen, 119 Soldaten sterben bei dem Absturz. Die russische Regierung beschuldigt tschetschenische Separatisten, den Hubschrauber mit einer Rakete abgeschossen zu haben.

20. August

■ Nach fünf Stunden kann die Berliner Polizei eine Geiselnahme in der irakischen Botschaft beenden. Fünf irakische Oppositionelle hatten in dem Gebäude zwei Landsleute in ihre Gewalt gebracht, um die Absetzung Saddam Husseins als Präsident zu erzwingen.

■ Die Entdeckung eines Massengrabes mit vermutlich Hunderten von Taliban- und Al-Qaeda-Kämpfern nahe des afghanischen Ortes Schibergan wird von den UN bestätigt. Wahrscheinlich wurden die Krieger auf Lkw-Transporten, die von der Nordallianz organisiert waren, in versiegelten Containern erstickt.

■ Die Vereinten Nationen veröffentlichen einen Bericht, demzufolge Afghanistan erneut zum weltgrößten Opiumproduzenten aufgestiegen ist. Nachdem der Mohnanbau unter der Herrschaft der Taliban stark zurückgegangen war, wird die Jahresproduktion für 2002 wieder auf 2952 Tonnen geschätzt. Damit überholt Afghanistan das Goldene Dreieck in Thailand, Laos und Myanmar, in dem dieses Jahr „nur“ mit einer Produktion von 900 Tonnen Opium gerechnet wird.

■ Der zweitgrößte Süßwassersee Chinas droht nach starken Regenfällen seine Staumauer zu durchbrechen und gefährdet damit das Leben von zehn Millionen Menschen. Durch die Unwetter und Überflutungen sterben bis Ende des Monats insgesamt 1500 Menschen.

21. August

■ Bei einem Angriff der israelischen Armee auf die palästinensische Stadt Chan Junis im Gaza-Streifen gibt es einen Toten, über 100 Menschen verlieren ihre Wohnungen.

■ In Cape Canaveral im US-Bundesstaat Florida startet die größte Rakete seit der legendären Saturn 5, mit der die ersten Amerikaner zum Mond flogen. Die neue Atlas 5 bringt den europäischen Kommunikationssatelliten „Hotbird 6“ in den Weltraum.

■ Langsam wälzen sich die Wassermassen der großen Flut die Elbe hinunter. In Niedersachsen, Mecklenburg-Vorpommern und Schleswig-Holstein kommt es zu ersten Evakuierungen.

22. August

■ In einem Plastiksack wird in London das Gemälde „Rast auf der Flucht nach Ägypten“ des italienischen Malers Tizian (1488–1576) gefunden, das vor mehr als sieben Jahren aus dem Schloss des Marquis von Bath gestohlen worden war.

24. August

■ US-Präsident Bush will die amerikanischen Wälder ausdünnen, um so verheerende Waldbrände zu verhindern. Sein Vorschlag, die Holzindustrie mit der Rodung zu beauftragen, stößt jedoch auf heftige Proteste von Umweltschutzorganisationen.

25. August

■ Erstmals stehen sich mit Gerhard Schröder und Edmund Stoiber zwei deutsche Kanzlerkandidaten in einem Fernsehduell gegenüber. Die privaten Sender RTL und Sat 1 übertragen die Auseinandersetzung, in der die beiden Politiker sich gegenseitig Versagen in der Steuer-, Arbeitsmarkt- und Zuwanderungspolitik vorwerfen.

Im Rededuell der Kanzlerkandidaten stehen sich Gerhard Schröder und Edmund Stoiber erstmals im Fernsehen gegenüber

26. August

■ Das Bundeskabinett beschließt, 7,1 Milliarden Euro in den Fonds „Aufbauhilfe“ fließen zu lassen. Die Hilfe für die Flutopfer soll mit Steuererhöhungen und einem Entlastungsaufschub in der Einkommensteuer finanziert werden.

27. August

■ Der größte Forschungsballon aller Zeiten steigt von der kanadischen Provinz Manitoba fast 50 Kilometer hoch in die Erdatmosphäre auf. An Bord des Ballons mit einem Volumen von 1,7 Millionen Kubikmetern hat die US-Weltraumbehörde 700 Kilogramm wissenschaftliche Geräte geladen.

■ Im Vorjahr trennten sich laut Statistischem Bundesamt in Wiesbaden deutschlandweit etwa 197 500 Ehepaare. Das sind 1,6 Prozent mehr als im Jahr 2000 und so viele Scheidungen wie noch nie zuvor in der Bundesrepublik.

28. August

■ Der chinesische Parteivorsitzende Jiang Zemin ordnet an, vor dem 16. Parteitag der KP am 8. November alle „Störfaktoren“ in den Medien zu beseitigen. Im Folgenden werden keine Bilder der großen Flut mehr gezeigt. Später wird sogar die Internetsuchmaschine „Google“ vom Netz genommen.

29. August

■ Vier Menschen verlieren bei einer Offensive der israelischen Armee auf palästinensische Städte im Gaza-Streifen ihr Leben.

■ Nahe der tschetschenischen Ortschaft Stary Atschchoj wird ein Massengrab entdeckt. In ihm befinden sich die Überreste von bis zu 100 enthaupteten russischen Soldaten und Arbeitern aus dem ersten Tschetschenien-Krieg 1996.

■ Altkanzler Helmut Kohl (CDU) wird vorgeworfen, in einer Gesprächsrunde den Präsidenten des Bundestages, Wolfgang Thierse (SPD), mit dem Nazi-Politiker Hermann Göring gleichgesetzt zu haben.

■ Bei seinem ersten Auftritt im Bundestag überzieht der Hamburger Innensenator Ronald Schill die Redezeit, während er der Bundesregierung völliges Versagen in der Flutopferhilfe vorwirft. Als er selbst nach wiederholten Mahnungen seine Rede nicht beendet, schaltet ihm die Bundestagsvizepräsidentin Anke Fuchs (SPD) das Mikrofon ab.

30. August

■ Im Fall eines US-Angriffs auf den Irak werde Deutschland seine in Kuwait stationierten

Fuchs-Spürpanzer zurückziehen. Verteidigungsminister Peter Struck (SPD) erklärt, dass ein Einsatz der Fuchs-Panzer im Krieg gegen den Irak nicht durch das Bundestagsmandat gedeckt sei.

■ In Belgien nimmt das größte Schiffshebewerk Europas seinen Betrieb auf. Binnenschiffe bis zu 1350 Tonnen können damit auf eine Höhe von 73,15 Metern angehoben werden.

1. September

■ Als erster Formel-1-Pilot der Geschichte erringt Michael Schumacher beim Großen Preis von Belgien seinen zehnten Sieg in einer Saison.

4. September

■ Die Umweltminister der Elbe-Anrainerländer beschließen, den Ausbau des Flusses zu stoppen, bis die Risiken für den Hochwasserschutz besser erforscht sind.

■ Begleitet von Protesten von Umweltverbänden geht in Johannesburg der UN-Weltgipfel für nachhaltige Entwicklung zu Ende. Die Delegierten einigen sich auf ein Aktionsprogramm, das vor allem auf die Verbesserung der Gesundheitsversorgung abzielt.

5. September

■ Italien wird von schweren Unwettern heimgesucht. Auf der Insel Elba müssen über 1000 Touristen von Campingplätzen evakuiert werden, der römische Flughafen Fiumicino wird vorübergehend gesperrt, und an der mittelitalienischen Adria gehen mehrere Schlammlawinen auf Autostraßen nieder.

■ Nur knapp entgeht der afghanische Präsident Hamid Karzai einem Attentat in Kandahar. Gleichzeitig explodiert in Kabul eine Autobombe und tötet mindestens 30 Menschen.

6. September

■ Über die Sommermonate ist die Zahl der Brandherde in den Waldgebieten um Moskau mittlerweile auf rund 900 gestiegen. Durch die starke Rauchentwicklung des brennenden Torfes erlebt die Zwölf-Millionen-Metropole ihre größte Umweltkatastrophe.

■ Auf Sizilien bebt die Erde. Das Beben erreicht eine Stärke von 5,6 auf der Richter-Skala und hinterlässt eine etwa sechs Kilometer lange Erdspalte in der Nähe von Palermo. Drei ältere Menschen erleiden währenddessen einen Herzinfarkt.

■ Der aus dem Film „Free Willy“ bekannte Wal Keiko bekommt von den Bezirksbehörden in Halsa eine Aufenthaltserlaubnis für den Skalviksfjord vor der norwegischen Küste. Das zahme Tier war bereits im August von Island nach Norwegen geschwommen und hatte wegen seines Appetits auf Lachse den Unwillen von Fischereivertretern auf sich gezogen. Diese hatten gefordert, den Wal einschläfern zu lassen.

■ Die Justiz ermittelt bundesweit gegen 300 Firmen wegen des Verdachts auf unerlaubte Entsorgung von Sondermüll. Über einen Zwischenhändler in Essen sollen jahrelang Tausende Tonnen von Industrieabfällen illegal in ein Recycling-Kraftwerk in Lünen gebracht worden sein.

8. September

■ Bundeskanzler Gerhard Schröder und sein Herausforderer Edmund Stoiber stehen sich in ARD und ZDF in ihrem zweiten Fernsehduell gegenüber. Das Streitgespräch wird von 15,26 Millionen Zuschauern verfolgt.

9. September

■ Während einer Rede vor palästinensischen Parlamentariern distanziert sich Jassir Arafat klar von den Selbstmordanschlägen als eine Art des Widerstandes gegen den Staat Israel.

■ Estland startet sein Genom-Projekt. Mit ihm soll eine Datenbank über die Erbgutinformationen von rund 1,4 Millionen Esten erstellt werden, um Krankheiten besser erforschen zu können. Die Teilnahme an dem Projekt ist freiwillig.

■ Bei einem Zugunglück im Bahnhof von Bad Münder stoßen zwei mit Chemikalien beladene Güterzüge frontal aufeinander. Durch den Aufprall explodiert ein Kesselwagen mit der krebserregenden Chemikalie Epichlorhydrin. Die freigesetzten Gase lösen bei Helfern und Anwohnern Atembeschwerden aus.

10. September

■ Als 190. Mitglied wird die Schweiz in die Vereinten Nationen aufgenommen.

■ Mindestens 23 Menschen kommen in Südfrankreich bei schweren Regenunwettern ums Leben, Zehntausende sind ohne Strom, Wasser und Telefon, viele müssen ihre Wohnungen fluchtartig verlassen. Ursache der Unwetter ist ein „Cevenol“ genanntes Wetterphänomen.

■ In Ostindien entgleist der „Rajdhani-Express“. Der Luxuszug, der sich auf dem Weg von Kalkutta nach Delhi befand, stürzte von einer Brücke in den Fluss Dhavi, weil auf etwa 30 Metern die Schienen fehlten. 119 Menschen sterben bei dem Unglück.

■ Die größte Solarkraftanlage Deutschlands nimmt in Sonnen bei Passau den Betrieb auf. Sie soll künftig Strom für 1500 Haushalte liefern.

11. September

■ Amerika gedenkt der Anschläge auf das World Trade Center und Institutionen der US-Regierung. Unter großen Sicherheitsvorkehrungen finden in New York, Washington und Shanksville die Gedenkzeremonien statt.

■ Bei einer spektakulären Verhaftungsaktion wird in Karatschi einer der Drahtzieher der Anschläge vom 11. September des Vorjahres, Ramzi Binalshibh, gefasst.

■ Das palästinensische Parlament erzwingt den Rücktritt von 21 Ministern und fügt Palästinenserführer Jassir Arafat damit eine schwere innenpolitische Niederlage zu.

■ 15 Nordkoreaner, die vor acht Tagen in die deutsche Botschaftsschule in Peking geflüchtet waren, dürfen in den Süden Koreas ausreisen.

■ Die afghanische Stadt Khost wird schwer umkämpft. Der dortige Milizenführer Pascha Khan Sadran fordert von Präsident Hamid Karzai, wieder als Gouverneur in seiner Provinz eingesetzt zu werden. Unterdessen starten amerikanische Soldaten mit Unterstützung von Kämpfern der Nordallianz eine

Die Trauer lässt nicht nach. Am Jahrestag der Terroranschläge gedenkt Amerika seiner Toten

Offensive unter dem Namen „Champion Strike“ im Bermal-Tal in der Provinz Paktika.

12. September

■ Sollte Georgien nicht gegen „tschetschenische Terroristen“ vorgehen, droht der russische Präsident Wladimir Putin mit einem Militärschlag.

■ Nach 26 Jahren im Parlament wohnt Altbundeskanzler Helmut Kohl seiner letzten Debatte bei. Nach der Bundestagswahl wird er nicht mehr in den Plenarsaal zurückkehren.
■ In einer Rede vor den Vereinten Nationen erklärt US-Präsident George W. Bush erstmals offiziell, dass die Vereinigten Staaten auch ohne Zustimmung der UN den Irak angreifen würden.
■ Eine bundesweit einmalige Biogas-Anlage geht in Donaueschingen in Betrieb. Sie kann jährlich 8000 Tonnen Speisereste in Strom umwandeln.

14. September

■ Aus Hass gegen den Besitzer eines Restaurants in der südchinesischen Stadt Nanjing verseucht ein Mann das Essen des Lokals mit Rattengift. 49 Menschen verenden qualvoll. Etwa 400 weitere, meist Schulkinder und Arbeiter, die in dem Restaurant gefrühstückt hatten, erkranken.

16. September

■ Die Neue Pinakothek der Moderne eröffnet in München. Auf 12 000 Quadratmetern sind Werke aus den Bereichen Kunst, Grafik, Architektur und Design zu sehen.
■ Russische, amerikanische und georgische Militärs starten eine breit angelegte Offensive gegen tschetschenische Rebellen im Pankisi-Tal.
■ Um „jegliche Zweifel daran auszuräumen, dass der Irak nicht mehr über Massenvernichtungswaffen verfügt", erklärt das Land sich bereit, UN-Waffenkontrolleure ihre Arbeit wieder aufnehmen zu lassen.

17. September

■ Das „Nahost-Quartett", bestehend aus Vertretern der USA, Russlands, der UN und der EU, stellt einen neuen Friedensplan vor. Schon 2003 soll ein provisorischer Staat Palästina gegründet werden, der 2005 neben Israel als souveräner Staat bestehen soll.
■ Ein Roboter mit Minikamera entdeckt in der Cheops-Pyramide von Gizeh einen bislang unbekannten Hohlraum und eine versiegelte Tür. Über die Bedeutung des Ereignisses entbrennt jedoch ein heftiger Expertenstreit.
■ Auf einem Gipfeltreffen mit dem japanischen Premierminister Junichiro Koizumi gibt der nordkoreanische Diktator Kim Jong Il zu, sein Land habe in den 70er und 80er Jahren elf Japaner entführt, damit diese nordkoreanischen Spionen Japanisch beibringen.

Jan Ullrich fährt nicht mehr für die Telekom. Auf einer Pressekonferenz gibt der Radrennprofi seinen Ausstieg aus dem Team bekannt

18. September

■ Bei einem palästinensischen Selbstmordanschlag auf eine Bushaltestelle bei Umm el Fahem kommen zwei Menschen ums Leben.
■ Zwischen Nord- und Südkorea wird mit dem Wiederaufbau eines Verkehrsnetzes begonnen.
■ Zur Grundsteinlegung für den Bau der 1760 Kilometer langen Ölpipeline vom Kaspischen Meer zum Mittelmeer treffen sich die Präsidenten von Aserbaidschan, Georgien und der Türkei am Ölterminal Sangatschal nahe der aserbaidschanischen Hauptstadt Baku.

19. September

■ In Tel Aviv sterben bei einem Selbstmordanschlag auf einen Bus sieben Menschen, über 60 weitere werden verletzt.
■ Laut „Schwäbischem Tagblatt" sagt Bundesjustizministerin Herta Däubler-Gmelin auf einer Versammlung in Tübingen: „Bush will von seinen innenpolitischen Schwierigkeiten ablenken. Das ist eine beliebte Methode. Das hat auch Hitler schon gemacht." Dieser Vergleich belastet die ohnehin bereits durch Bundeskanzler Gerhard Schröders Kritik an der Irak-Politik schwer strapazierten Beziehungen zwischen Deutschland und den USA noch weiter.

20. September

■ Die israelische Armee greift das Hautquartier von Palästinenserführer Jassir Arafat an, zerstört weitere Gebäude und belagert die übrigen. Gleichzeitig startet eine Offensive auf Gaza-Stadt, zwei Menschen kommen dabei ums Leben.
■ In der russischen Teilrepublik Nordossetien geht eine Lawine ab und reißt wahrscheinlich über 100 Menschen in den Tod. Das Bergdorf Nischnij Karmadon wird komplett unter einer 30 Meter dicken Eis- und Schneeschicht begraben. Unter den zahlreichen Vermissten befindet sich auch der populäre russische Schauspieler und Regisseur Sergej Bodrow.

22. September

■ Deutschlands rot-grüne Koalition kann nach einer Zitterpartie bei den Bundestagswahlen ihre Regierung fortsetzen. Nur 6027 Wähler mehr stimmten für die SPD als für die Union, beide Parteien erreichten damit einen Stimmenanteil von 38,5 Prozent. Dank eines hervorragenden Wahlerfolgs der Grünen, die sich 8,6 Prozent der Stimmen sichern konnten, wird die Fortsetzung der bestehenden Regierung möglich.

23. September

■ Nach heftiger Kritik wegen seiner Angriffe gegen Israel und den Vizepräsidenten des Zentralrats der Juden, Michel Friedman, tritt Jürgen Möllemann als stellvertretender Bundesvorsitzender der FDP von seinem Amt zurück.
■ Als Konsequenz aus ihrem angeblichen Bush-Hitler-Vergleich wird Bundesjustizministerin Herta Däubler-Gmelin dem neuen Kabinett nicht mehr angehören.

24. September

■ Erneut ist Gaza-Stadt das Ziel einer Offensive der israelischen Armee, mindestens neun Menschen kommen ums Leben, mindestens 24 weitere werden verletzt.
■ Die UN-Resolution 1435 fordert Israel zur Beendigung der Belagerung des Amtssitzes von Palästinenserführer Jassir Arafat und zur Räumung der besetzten Gebiete auf.
■ In Gandhinagar im westindischen Bundesstaat Gujarat besetzen bewaffnete Extremisten den Swaminarayan Tempel. Bei der Stürmung des Tempels werfen sie Handgranaten und feuern wahllos auf die betenden Gläubigen. Erst nach zwölf Stunden können indische Elitetruppen die Besetzung gewaltsam beenden. Insgesamt sterben bei dem Vorfall über 30 Menschen.

25. September

■ Olympiasieger Jan Ullrich gibt bekannt, künftig nicht mehr für das Team Telekom zu fahren.

26. September

■ Mindestens zehn Menschen kommen bei israelischen Angriffen auf verschiedene palästinensische Städte im Westjordanland und im Gaza-Streifen ums Leben.

■ Fünf Wochen nach der Flut zieht die Bundesregierung eine erste Schadensbilanz. Insgesamt waren mehr als 337 000 Menschen vom Hochwasser betroffen, über 100 000 mussten evakuiert werden. Der Gesamtschaden beläuft sich nach Schätzungen auf mindestens 12,6 Milliarden Euro.

27. September

■ Vor der Küste Gambias kentert in einem Sturm die völlig überladene Fähre „Joola" mit 1034 Menschen an Bord, etwa 900 von ihnen ertrinken. Die Kapazität der Fähre war nur für 550 Personen veranschlagt, zudem war sie nicht für Fahrten auf offener See geeignet.

■ Auf dem Heimweg von der Schule wird der elfjährige Frankfurter Bankierssohn Jakob von Metzler entführt.

■ Als 191. Mitglied wird der nur vier Monate alte Staat Osttimor in die Vereinten Nationen aufgenommen.

28. September

■ Am zweiten Jahrestag der zweiten Intifada beläuft sich die Bilanz auf über 1800 getötete Palästinenser und 620 ums Leben gekommene Israelis.

■ Die seit einer Woche vermisste 16-jährige Auszubildende Jennifer ist tot. Polizisten finden ihre Leiche nur wenige hundert Meter von ihrer Wohnung in Neumünster entfernt.

29. September

■ Fünf Tage nach Erlass der UN-Resolution 1435 wird die Belagerung des Amtssitzes von Jassir Arafat aufgehoben.

30. September

■ Die Polizei verhaftet den 27-jährigen Jurastudenten Magnus G. als Entführer des Bankierssohnes Jakob von Metzler. Am 1. Oktober wird dessen Leiche an einem See bei Schlüchtern gefunden.

■ Nach Hinweisen aus der Bevölkerung nimmt die Polizei den Mörder von Jennifer fest. Der 37-Jährige hat wegen verschiedener sexueller Gewalttaten bereits mehrjährige Haftstrafen verbüßt.

OKTOBER

1. Oktober

■ Laut Statistischem Bundesamt sind etwa vier von zehn Sozialhilfeempfängern minderjährig. Zum Jahreswechsel 2001/2002 waren es knapp eine Million Kinder und Jugendliche unter 18 Jahren, die von Sozialhilfe leben mussten.

2. Oktober

■ In der Region um die US-Hauptstadt Washington beginnt die Mordserie eines Heckenschützen. Der „Sniper" sucht sich seine Opfer vornehmlich auf Tankstellen und Parkplätzen, um sie dann mit gezielten Schüssen aus dem Hinterhalt zu exekutieren.

■ Der Schafklau geht um. Vom Deich in Jemgum (Ostfriesland) ist nach vereinzelten Diebstählen in den vergangenen Monaten nun zum ersten Mal eine komplette Herde mit 170 Tieren verschwunden.

3. Oktober

■ Am Tag der Deutschen Einheit wird das Brandenburger Tor nach zweijähriger Renovierung der Öffentlichkeit wieder zugänglich gemacht.

■ Fast jede Minute verliert laut dem ersten Weltbericht zu Gewalt und Gesundheit der Weltgesundheitsorganisation WHO irgendwo auf der Welt ein Mensch durch Gewaltanwendung sein Leben.

4. Oktober

■ Pakistan testet eine neue Mittelstreckenrakete. Ungeachtet der anhaltenden Spannungen mit Indien rüstet Pakistan mit der neuen „Hataf 4" sein Waffenarsenal auf.

■ Der französische Tanker „Limburg" wird vor der Küste Jemens von einem mit Sprengstoff beladenen Boot gerammt. Zu dem Attentat bekennt sich später die al Qaeda.

7. Oktober

■ Die Bundesregierung gibt bekannt, dass der bisherige Ministerpräsident des Landes Nordrhein-Westfalen, Wolfgang Clement (SPD), das Amt des neuen „Superministers" für Arbeit und Wirtschaft übernimmt.

■ Für neue Erkenntnisse in der Genforschung bekommen die Briten Sydney Brenner und John Sulston sowie der US-Amerikaner Robert Horvitz den Nobelpreis für Medizin zugesprochen.

Ein Jahr nach den Anschlägen vom 11. September wird Ramzi Binalshibh, einer der Drahtzieher, im pakistanischen Karachi verhaftet

5. Oktober

■ Nachdem die USA Jerusalem faktisch als Hauptstadt Israels anerkannt haben, unterzeichnet Palästinenserführer Jassir Arafat im Gegenzug ein Gesetz, das Ost-Jerusalem zur Hauptstadt eines künftigen palästinensischen Staates erklärt.

6. Oktober

■ In Rom spricht Papst Johannes Paul II. den Gründer der Priester- und Laienorganisation Opus Dei, Josemaría Escrivá de Balaguer, vor 200 000 auf dem Petersplatz versammelten Gläubigen heilig.

■ Ein Messerstecher attackiert den Bürgermeister von Paris, Bertrand Delanoë. Schwer verletzt überlebt der bekennende Homosexuelle den Angriff. Der Attentäter kann überwältigt werden und gibt als Tatmotiv an, Politiker und Homosexuelle nicht zu mögen.

8. Oktober

■ Im Monat September ist die Zahl der Arbeitslosen in Deutschland erstmals wieder unter die Vier-Millionen-Grenze gesunken.

■ Den Nobelpreis für Physik teilen sich der US-Forscher Raymond Davis und der Japaner Masatoshi Koshiba für den Nachweis kosmischer Neutrinos mit dem Amerikaner Riccardo Giacconi für die Entdeckung kosmischer Röntgenquellen.

Der Ungar Imre Kertész, Autor der Auschwitz-Erinnerungen „Roman eines Schicksallosen", freut sich über den Nobelpreis für Literatur

9. Oktober

■ EU-Kommissions-Präsident Romano Prodi veröffentlicht die Empfehlung zur EU-Aufnahme für Tschechien, Litauen, die Slowakei, Estland, Lettland, Malta, Polen, Zypern, Slowenien und Ungarn.

■ Mit einer weiteren Entschlüsselung des Aufbaus von Proteinen qualifizieren sich der Schweizer Kurt Wüthrich, der Japaner Koichi Tanaka und der US-Amerikaner John Fenn für den Nobelpreis für Chemie.

■ Der Nobelpreis für Wirtschaft geht an die beiden amerikanischen Wissenschaftler Daniel Kahneman und Vernon L. Smith für ihre Arbeiten im Bereich der psychologischen und experimentellen Wirtschaftswissenschaft.

■ Ohne Unterstützung von Eisbrechern hat es der deutsche Abenteurer Arved Fuchs in vier Etappen geschafft, den Nordpol vollständig zu umrunden.

10. Oktober

■ In Hamburg wird ein mutmaßlicher Unterstützer der Al-Qaeda-Zelle um Mohammed Atta festgenommen. Der verdächtige Marokkaner soll Atta finanziell und logistisch zur Seite gestanden haben.

■ Störungsfrei rollt der bislang größte Atommülltransport Deutschlands durch Niedersachsen, Nordrhein-Westfalen, Rheinland-Pfalz und das Saarland zur französischen Grenze.

■ Die Alternativen Nobelpreise werden dem paraguayischen Menschenrechtler Martin Almada, der schwedischen Hilfsorganisation „Frau zu Frau" und einem Jugendzentrum in Burundi verliehen.

■ Mit der Verabschiedung der umstrittenen „Lex Berlusconi" ebnet das italienische Abgeordnetenhaus den Weg für ein Scheitern des Prozesses gegen den Ministerpräsidenten wegen Korruption. Künftig können Strafprozesse abgebrochen werden, wenn der Angeklagte aus „berechtigten Gründen" an der Unvoreingenommenheit der Richter zweifelt.

■ Als erster Ungar erhält Imre Kertész den Nobelpreis für Literatur. Er schildert in seinem Werk die Erfahrungen, die er als Häftling in Auschwitz gemacht hat.

11. Oktober

■ Nach dem Abgeordnetenhaus erteilt auch der Senat dem US-Präsidenten George W. Bush die Vollmacht für einen Krieg gegen den Irak ohne UN-Mandat.

■ Der frühere US-Präsident Jimmy Carter wird für „seinen beharrlichen Einsatz zur friedlichen Lösung internationaler Konflikte, für Demokratie und Menschenrechte sowie für wirtschaftliche und soziale Entwicklung über mehrere Jahrzehnte" mit dem Friedensnobelpreis ausgezeichnet.

■ Große Teile des Wattenmeeres vor den Küsten der Länder Deutschland, Holland und Dänemark werden zum internationalen Schutzgebiet erklärt.

12. Oktober

■ Auf der indonesischen Ferieninsel Bali sterben bei dem bislang verheerendsten Terroranschlag seit dem 11. September 2001 über 190 Menschen. Später bekennt sich die Al-Qaeda-nahe Moslemorganisation Jemaah Islamiyah zu dem Attentat.

13. Oktober

■ Der Friedenspreis des Deutschen Buchhandels geht an den nigerianischen Schriftsteller Chinua Achebe.

14. Oktober

■ Zwei Jahre länger als im Atomkonsens vereinbart darf Obrigheim, das umstrittene älteste Atomkraftwerk Deutschlands, noch am Netz bleiben. Die Einigung ist ein Kompromiss zwischen der Regierung und dem Betreiber des Werkes, der sich mit seiner Forderung nach einer Laufzeitverlängerung von fünf Jahren auf eine Zusage von Bundeskanzler Gerhard Schröder berief.

15. Oktober

■ Dem irakischen Präsidenten Saddam Hussein werden bei einem Referendum von 100 Prozent der Wähler sieben weitere Jahre im Amt garantiert.

■ Nordirland wird fortan wieder unter die direkte Verwaltung der Briten gestellt. Mit diesem Zug geraten alle Friedensbemühungen erneut zum Stillstand.

16. Oktober

■ Bundeskanzler Gerhard Schröder stellt in Berlin seine neue Ministermannschaft vor. Zugleich unterzeichnen SPD und Grüne den Koalitionsvertrag und legen damit die Grundlage für die kommende Legislaturperiode fest.

■ In Alexandria eröffnet die moderne Version der einstigen größten Bibliothek der Antike. Die neue „Bibliotheca Alexandrina" liegt 100 Meter vom Standort ihrer Vorläuferin aus dem 3. Jh. v. Chr. entfernt.

■ Nordkorea gibt gegenüber der US-Regierung zu, entgegen einer Vereinbarung aus dem Jahr 1994 heimlich an einem Nuklearwaffenprogramm gearbeitet zu haben.

■ Die niederländische Regierung scheitert nach nur drei Monaten Amtszeit. Sämtliche Minister und Staatssekretäre der Koalition aus Christdemokraten (CDA), Liberalen (VVD) und Rechtspopulisten (LPF) treten von ihren Ämtern zurück.

18. Oktober

■ Die Geiselnahme an einer Schule in Waiblingen endet nach mehreren Stunden unblutig. Vier Jungen einer 6. Klasse waren von einem ehemaligen Schüler als Geiseln festgehalten worden.

■ Vor seinem Büro in der Moskauer Einkaufsstraße Nowy Arbat wird der Gouverneur von Magadan von einem Auftragskiller erschossen.

■ Ein 24-jähriger Student wird erster Euro-Millionär bei Günther Jauch. Er kann auf die Millionenfrage „Welcher berühmte Schriftsteller erbaute als diplomierter Architekt ein Freibad in Zürich?" korrekt mit „Max Frisch" antworten.

20. Oktober

■ Jürgen Möllemann tritt von seinen Ämtern als nordrhein-westfälischer Landeschef und Vorsitzender der Landtagsfraktion zurück. Grund für seinen Rücktritt ist ein Verstoß gegen das Parteispenden-Gesetz. Er hatte 840 000 Euro für sein anti-israelisches Flugblatt nicht als Spenden angegeben.

21. Oktober

■ 14 Israelis sterben bei einem Selbstmordattentat auf einen Linienbus bei Hadera, 47 weitere werden verletzt. Zu dem Anschlag bekennt sich die militante Palästinensergruppe Islamischer Dschihad.

■ Hacker legen bei dem bislang schwersten Angriff auf das Internet neun der insgesamt 13 Root-Server lahm.

22. Oktober

■ Bei einer geheimen Wahl wird Gerhard Schröder vom Bundestag mit 305 von 599 abgegebenen Stimmen erneut zum Bundeskanzler gewählt.

■ In Hamburg beginnt der weltweit erste Prozess um die Terroranschläge vom 11. September 2001. Dem Angeklagten Mounir el Motassadeq wird die Mitgliedschaft in einer terroristischen Vereinigung und Beihilfe zum Mord in mindestens 3116 Fällen vorgeworfen.

23. Oktober

■ Bewaffnete Tschetschenen erstürmen eine Aufführung des Moskauer Musicals „Nord-Ost“ und nehmen sämtliche Zuschauer und Darsteller als Geiseln. Sie fordern den Rückzug des russischen Militärs aus ihrer Heimat.

24. Oktober

■ Die Heckenschützen von Washington sind nach insgesamt 13 Anschlägen und zehn Morden gefasst. Die Polizei verhaftet auf einem Parkplatz den 41-jährigen Golfkriegsveteranen John Allen Muhammad und seinen 17-jährigen Ziehsohn John Lee Malvo.

■ Zwei Jahre Haft auf Bewährung wegen Steuerhinterziehung lautet das Urteil des Landgerichts München gegen Ex-Tennisstar Boris Becker.

26. Oktober

■ Russische Spezialeinheiten beenden das Geiseldrama in Moskau. Das Narkosegas Fentanyl sollte die tschetschenischen Rebellen außer Gefecht setzen. Bei der Befreiungsaktion sterben jedoch 128 der über 800 Geiseln an den Folgen der chemischen Betäubung. Die 41 Tschetschenen werden bei der Erstürmung des Theaters erschossen.

■ Der Orkan „Jeanett“ fegt durch Europa. Der schwerste Herbststurm seit zehn Jahren fordert das Leben von elf Deutschen. In Gesamteuropa kommen bei dem Unwetter 34 Menschen ums Leben.

27. Oktober

■ Auf Sizilien bricht der Ätna aus. Das Umland wird von mehr als 200 Erdbeben erschüttert.

29. Oktober

■ In seiner Regierungserklärung kündigt Bundeskanzler Gerhard Schröder eine umfassende Reform der Sozialsysteme an.

30. Oktober

■ FDP-Bundesschatzmeister Günter Rexrodt gibt zu, dass auf dem offiziellen Konto des nordrhein-westfälischen Landesverbandes der Partei Spendengelder in Höhe von 113 000 Euro nicht korrekt verbucht wurden.

■ In Israel wird durch den Rücktritt von Verteidigungsminister Benjamin Ben-Elieser und sechs weiteren Ministern eine schwerwiegende Regierungskrise ausgelöst. Durch die Bewilligung von Milliardensubventionen für jüdische Siedlungen in besetzten Palästinensergebieten hat Ministerpräsident Ariel Sharon die bisherige Koalition aus Arbeits- und Likud-Partei endgültig zum Scheitern gebracht.

31. Oktober

■ Ein Erdbeben der Stärke 5,4 richtet in Mittelitalien schwere Verwüstungen an. 29 Menschen sterben, darunter 26 Kinder, die unter den Trümmern einer Vorschule in der Ortschaft San Giuliano di Puglia begraben werden.

Bei einem Erdbeben in Mittelitalien werden 26 Kinder unter den Trümmern einer Vorschule in San Giuliano di Puglia begraben

NOVEMBER

1. November

■ Nach Intervention der britischen Königin Elisabeth II. wird das Verfahren gegen den ehemaligen Butler von Prinzessin Diana, Paul Burrell, eingestellt. Der von Diana als „mein Fels“ bezeichnete Diener war des Diebstahls von diversen Gegenständen aus dem Privatbesitz der königlichen Familie angeklagt. Die Queen gibt zu Protokoll, von dem Verbleib der Gegenstände in Burrells Besitz gewusst zu haben. Obwohl die Königin damit wahrscheinlich weitere Enthüllungen und einen Skandal um das Königshaus verhindern wollte, werden nun erst recht Anschuldigungen laut, die die britische Monarchie in eine schwere Krise stürzen.

2. November

■ Scotland Yard deckt eine geplante Entführung von Victoria Beckham, Ehefrau des Fußballstars David Beckham und Ex-„Spice Girl“, auf.

3. November

■ Bei vorgezogenen Wahlen in der Türkei gewinnen die gemäßigten Islamisten der Gerechtigkeits- und Entwicklungspartei die absolute Mehrheit.

4. November

■ Wegen des Verdachts auf Verstoß gegen das Parteiengesetz leitet die Staatsanwaltschaft in Düsseldorf ein Ermittlungsverfahren gegen den ehemaligen Vorsitzenden der FDP in Nordrhein-Westfalen, Jürgen Möllemann, ein.

5. November

■ Bei den Wahlen zum amerikanischen Kongress bekommen die Republikaner nicht nur ihre Mehrheit im Repräsentantenhaus bestätigt, sondern können auch die Kontrolle über den Senat gewinnen – eine Bestätigung für George W. Bush.

■ In Brüssel eröffnen die Finanzminister der EU das Defizitverfahren gegen Portugal wegen überhöhter Neuverschuldung. Bis zum Jahresende muss das Land nun mit drastischen Maßnahmen sein Defizit auf 2,8 Prozent des Brutto-Inlandsproduktes senken, sonst drohen Strafzahlungen bis zu 0,5 Prozent des BIP.

6. November

■ Eine Finanzprüfung der FDP ergibt, dass Jürgen Möllemann den nordrhein-westfälischen Wahlkampf des Jahres 2000 mit bis zu einer Million Mark Schwarzgeld finanziert habe.

■ Nahe der französischen Stadt Nancy gerät ein Schlafwagen des Nachtzuges D-261 von Paris nach München in Brand. In dem Feuer verbrennen und ersticken zwölf Reisende, darunter drei Deutsche.

7. November

■ Das Bundesamt für Strahlenschutz genehmigt ein erstes dezentrales Zwischenlager für Atommüll in Lingen im Emsland. Mit dem Bau von standortnahen Zwischenlagern soll künftig die Zahl von innerdeutschen Atommülltransporten verringert werden.

8. November

■ Einstimmig beschließt der Sicherheitsrat der UN eine Resolution zur Durchsetzung strenger und umfassender Waffenkontrollen im Irak.

■ Das Eis um die deutsch-amerikanischen Beziehungen ist gebrochen. Nach einem Telefonat zwischen Bundeskanzler Gerhard Schröder und US-Präsident George W. Bush sowie einem Treffen der Verteidigungsminister Peter Struck und Donald Rumsfeld entspannt sich das Verhältnis zwischen beiden Staaten, das wegen unterschiedlicher Ansichten zur Irak-Politik strapaziert worden war.

9. November

■ Mit einer Aufführung des Balletts „Schwanensee“ öffnet die Semperoper in Dresden nach der Flut zum ersten Mal wieder ihre Türen für die Öffentlichkeit.

10. November

■ Für vier Jahre will Bernd Stange, ehemaliger Coach der DDR-Auswahlmannschaft, in den Irak gehen. In Bagdad unterzeichnet er den Vertrag als künftiger Trainer der irakischen Fußball-Nationalmannschaft.

11. November

■ Angela Merkel bleibt CDU-Parteichefin. 93,7 Prozent der Delegierten bestätigen sie in ihrem Amt.

■ Nachdem bekannt wurde, dass der brandenburgische Wirtschaftsminister Wolfgang Firniß (CDU) einen privaten Millionenkredit von einem Scheich aus den Vereinigten Arabischen Emiraten angenommen hat, tritt der Politiker von seinem Amt zurück.

■ Bier darf in England künftig auch nach 23 Uhr getrunken werden. In ihrer jährlichen Thronrede kündigt Königin Elisabeth II. an, die Sperrstunde für britische Pubs aufheben zu wollen. Das derzeitige Trinkverbot zu später Stunde stammt aus der Zeit des Ersten Weltkriegs und sollte damals verhindern, dass die Arbeiter der Munitionsfabriken morgens betrunken am Fließband erschienen.

12. November

■ Al-Qaeda-Chef Osama bin Laden kündigt auf einem vom arabischen Fernsehsender Al Jazira gesendeten Tonband an, weitere Anschläge, unter anderem auch in Deutschland, zu planen.

13. November

■ Neuer Vorsitzender der Deutschen Telekom und Nachfolger von Ron Sommer wird Kai-Uwe Ricke.

14. November

■ Der Rapper Eminem räumt bei der Verleihung der MTV Europe Music Awards in Barcelona gleich drei Trophäen ab. Die MTV-Zuschauer wählen ihn sowohl zum besten männlichen Künstler als auch zum besten HipHopper. Seine aktuelle Platte „The Eminem Show“ wird als bestes Album ausgezeichnet. Zum besten deutschen Künstler wird Xavier Naidoo gekürt.

■ 1,4 Milliarden Euro soll der erste Teil der rot-grünen Steuerreform einbringen. Ab 2003 sieht das „Gesetz zur Fortentwicklung der Ökosteuer“ höhere Abgaben für Erdgas, Flüssiggas, schweres Heizöl und Nachtspeicherstrom vor.

■ Das Seehundsterben ist vorüber. Insgesamt hat der Staupe-Virus seit Ausbruch der Seuche im August in Nord- und Ostsee 21000 Tiere das Leben gekostet.

■ Nach 61 Stunden kommt der Castor von seinem bislang größten Atommülltransport aus dem niederländischen La Hague im deutschen Endlager Gorleben an. Bis zu 16 700 Polizei- und Grenzschutzbeamte bewachten den Zug und die Gleise.

15. November

■ Die rot-grüne Koalition stimmt im Bundestag für die ersten Gesetzesänderungen zu einer umfassenden Reform des Arbeitsmarktes. Damit ist der Weg für die Umsetzung der Vorschläge der Hartz-Kommission vorerst frei. Weiterhin beschließt der Bundestag ein milliardenschweres Sparpaket im Gesundheits-

Selbstmordattentäter töten am 28. November mindestens 16 Menschen bei einem Anschlag auf das von Israelis geführte Paradise Hotel in der Nähe der Küstenstadt Mombasa, Kenia. Es gibt zahlreiche Verletzte, die Ferienanlage brennt völlig aus

wesen und eine Erhöhung der Rentenbeiträge von 19,1 auf 19,5 Prozent.

■ Das Bundeswehr-Mandat für eine Beteiligung der Bundeswehr an der Mission „Enduring Freedom" zum Kampf gegen den Terrorismus wird um ein Jahr verlängert. Mit überwältigender Mehrheit stimmt der Bundestag zu, die zurzeit rund 1200 deutschen Soldaten ihre Auslandseinsätze fortführen zu lassen.

■ In der Stadt Hebron im Westjordanland kommt es zu schweren Ausschreitungen zwischen Palästinensern und Israelis. Palästinensische Heckenschützen werfen Handgranaten auf eine Gruppe strenggläubiger Juden, die sich auf dem Weg zum Gebet am so genannten Grab der Patriarchen befinden. Bei dem Angriff sterben zwölf Israelis und drei der palästinensischen Angreifer. Als Reaktion auf den Zwischenfall besetzt die israelische Armee die Stadt Hebron erneut vollständig und Ministerpräsident Ariel Sharon erklärt ein 1997 geschlossenes Abkommen zur Teilung der Stadt für „nicht mehr relevant".

■ Nach Protesten der Angehörigen übergibt die Universität Magdeburg das Gehirn der 1976 verstorbenen RAF-Terroristin Ulrike Meinhof der Staatsanwaltschaft Stuttgart. Zuvor war bekannt geworden, dass das Organ nicht wie vermutet bei der Beisetzung mitbestattet worden war. Die Gehirne der RAF-Terroristen Andreas Baader, Gudrun Ensslin und Jan-Carl Raspe sind, nachdem sie jahrelang in der Universitätsklinik Tübingen verwahrt wurden, spurlos verschwunden.

16. November

■ Begleitet von Orkanböen, heftigen Regenfällen, Schlammlawinen und Überflutungen fegt der schwerste Föhnsturm seit 20 Jahren mit Spitzengeschwindigkeiten von bis zu 215 km/h durch die Alpen. Mindestens vier Menschen sterben, die Sachschäden gehen in Millionenhöhe.

17. November

■ Mit einem Taschenmesser versucht ein israelischer Araber eine Passagiermaschine der Fluggesellschaft El Al in seine Gewalt zu bringen. Das Flugzeug mit 170 Passagieren an Bord befindet sich auf dem Weg von Tel Aviv nach Istanbul. Israelische Sicherheitsbeamte können den als „verwirrt" beschriebenen Mann jedoch überwältigen.

■ Für den Auftrag zum Mord an dem römischen Journalisten Mino Pecorelli wird der ehemalige italienische Premierminister Giulio Andreotti von einem Gericht in der mittelitalienischen Stadt Perugia zu 24 Jahren Haft verurteilt.

18. November

■ 300 Stunden gemeinnützige Arbeit und fünf Monate Haft auf Bewährung muss ein palästinensischer Familienvater abbüßen, der seine Kinder auf einer Demonstration in Berlin als Selbstmordattentäter verkleidet hatte. Seine Tochter und zwei Söhne trugen auf der Veranstaltung aus Pappe gebastelte Dynamitgürtel. Das Amtsgericht Berlin-Tiergarten sieht dies in der Urteilsbegründung als Billigung von Selbstmordanschlägen an.

■ Die UN-Waffeninspektoren unter der Leitung von Hans Blix treffen in Bagdad ein.

■ In einer Kolumne der „Bild"-Zeitung schreibt der ehemalige Vorsitzende der SPD, Oskar Lafontaine, über Bundeskanzler Gerhard Schröder: „Es ist so, als wäre Heinrich Brüning wiederauferstanden, jener Reichskanzler, der mit seiner Sparpolitik Massenarbeitslosigkeit verursachte und Hitler den Weg bereitete." Lafontaine ist trotz heftiger Kritik aus seiner Partei nicht bereit, den Vergleich zurückzunehmen.

An der Küste Nordspaniens sind Freiwillige die ersten Helfer beim Kampf gegen die von dem Tanker „Prestige" verursachte Ölpest

19. November

■ Der mit mehr als 70 000 Tonnen Schweröl beladene Tanker „Prestige" bricht etwa 270 Kilometer vor der spanischen Atlantikküste auseinander und sinkt. Am 11. November geriet das unter der Flagge Bahamas fahrende Schiff in einen schweren Sturm und erlitt einen Riss in der nicht modernen Standards entsprechenden Bordwand. Große Mengen Öl fließen ins Meer. Sie werden zu einem großen Teil an die Küste getrieben und führen zu schweren Umweltschäden.

■ Nach Portugal muss sich nun auch Deutschland einem Defizitverfahren wegen überhöhter Neuverschuldung stellen. Sollte es dem Land nicht gelingen, sein Defizit deutlich zu verringern, drohen Strafzahlungen in Höhe von bis zu zehn Milliarden Euro.

■ Bundespräsident Johannes Rau eröffnet in Gießen das „Mathematikum". Das weltweit einzigartige Mathematik-Museum rechnet mit über 60 000 Besuchern pro Jahr.

■ Mit der Schaffung des neuen „Ministeriums für Heimatschutz" zur besseren Verhinderung von Terroranschlägen erfährt die amerikanische Regierung ihre umfassendste Neuordnung seit 50 Jahren. In Washington unterzeichnet Präsident George W. Bush das Gesetz zur Einrichtung der Behörde, deren Vorsitz der bisherige Sonderberater für Heimatverteidigung, Tom Ridge, übernehmen wird.

■ Auf Anhieb erreicht der „Steuersong" Platz eins der deutschen Singlecharts. Der Stimmenimitator Elmar Brandt und sein Co-Autor Peter Burz liefern mit der Cover-Version des fröhlichen Sommerhits „The Ketchup Song" eine bissige Satire auf die Finanzpolitik der Bundesregierung.

20. November

■ Künftig soll bei Fußball-Bundesligaspielen ein vierter Schiedsrichter auf der Trainerbank für Ruhe und Ordnung während des Spiels sorgen.

■ In London seziert der deutsche Anatom Gunther von Hagen eine Leiche vor zahlendem Publikum und setzt sich damit über das britische Gesetz hinweg. Von Hagen zeigt bereits seit 1996 in seiner Ausstellung „Körperwelten" präparierte Leichen.

■ Am Vorabend der Eröffnung des Nato-Gipfels in Prag geben sich Bundeskanzler Gerhard Schröder und der amerikanische Präsident George W. Bush die Hand. Die Geste ist ein weiterer Schritt zur Beendigung der wochenlangen Eiszeit in den deutsch-amerikanischen Beziehungen.

■ Jürgen Möllemann lässt über seinen Anwalt erklären, dass er im Bundestagswahlkampf insgesamt 980 000 Euro Spendengelder für den Druck und Vertrieb des umstrittenen Faltblattes verwendet hat, in dem er unter anderem die israelische Regierung kritisierte.

21. November

■ Ein palästinensischer Selbstmordattentäter sprengt sich in einem Bus in Jerusalem in die Luft. Bei dem Anschlag sterben elf Israelis und der Attentäter, über 40 weitere werden verletzt. Als Reaktion auf den Anschlag besetzt die israelische Armee die Stadt Bethlehem und weitere Orte im Westjordanland. Bei der Militäraktion kommt im Flüchtlingslager Dschenin ein britischer UN-Mitarbeiter ums Leben.
■ Unter der Leitung des Wirtschaftsweisen Bert Rürup soll die Reformkommission für Rente und Gesundheit bis zum Herbst 2003 Vorschläge für Verbesserungen in der Renten-Pflege- und Krankenversicherung ausarbeiten.
■ Wegen eines Angriffs ihres Hundes auf zwei Kinder wird die britische Prinzessin Anne zu einer Geldstrafe von 500 Pfund und zu 250 Pfund Schadensersatz verurteilt. Damit ist sie seit 350 Jahren das erste Mitglied der königlichen Familie, das von einem englischen Gericht schuldig gesprochen wird. Im letzten Fall verlor König Karl I. seinen Kopf, als er 1649 des Hochverrats bezichtigt wurde.
■ Auf dem Nato-Gipfel in Prag beschließt das Verteidigungsbündnis seine Erweiterung um die sieben Staaten Bulgarien, Rumänien, Estland, Lettland, Litauen, Slowenien und die Slowakei. Weiterhin einigen sich die Vertreter auf die Bildung einer weltweit einsetzbaren Eingreiftruppe (Nato Response Force, NRF) und eine Reform der Kommandostruktur.

Emma Watson als Hermine Granger in „Harry Potter und die Kammer des Schreckens", zum Jahresende der Lieblingsfilm der Deutschen

22. November

■ In der nigerianischen Stadt Kaduna kommt es zu schweren Unruhen zwischen Muslimen und Christen – Auslöser sind die bevorstehenden „Miss World"-Wahlen in der Hauptstadt Abuja. Mehr als 100 Menschen sterben bei den gewalttätigen Ausschreitungen.

23. November

■ Als Reaktion auf die Unruhen in Nigeria verlegen die Veranstalter die „Miss World"-Wahl nach Großbritannien.

25. November

■ Einstimmig fordert das FDP-Präsidium Jürgen Möllemann auf, Konsequenzen aus seinem parteischädigenden Verhalten zu ziehen und aus der Partei auszutreten. Möllemann weigert sich jedoch.

26. November

■ Mit einem gigantischen Milliardenprojekt will China die Flüsse im Süden des Landes zu den trockenen Regionen im Norden umleiten. Allein für die erste Bauphase, die noch vor Jahresende beginnen soll, sind Kosten von 154,8 Milliarden Yuan (187 Milliarden Euro) veranschlagt.

27. November

■ Die Zusage von Bundeskanzler Gerhard Schröder für eine Unterstützung der USA und Israels im Falle eine Irak-Krieges sorgt für Verwirrung. Statt wie zuerst angekündigt, werde Deutschland Israel keine „Fuchs"-Spürpanzer, sondern lediglich Truppentransporter desselben Typs zur Verfügung stellen. Auch Überflugrechte und den Transit von Truppen würden den Nato-Partnern gewährt, eine finanzielle und aktive militärische Beteiligung Deutschlands sei jedoch ausgeschlossen.

28. November

■ In Kenia sterben bei einem Selbstmordattentat auf ein überwiegend von Israelis besuchtes Hotel nördlich der Küstenstadt Mombasa mindestens 16 Menschen, 80 weitere werden zum Teil schwer verletzt. Fast zur gleichen Zeit wird ein israelisches Passagierflugzeug kurz nach dem Start in Mombasa mit Raketen beschossen. Zu den Anschlägen bekennt sich die bislang unbekannte Gruppe „Armee Palästinas".

29. November

■ Der Bundesrat stoppt mit seiner Unions-Mehrheit sowohl die geplante Arbeitsmarktreform als auch das Notpaket für Rente und Gesundheit. Die Länder berufen den Vermittlungsausschuss von Bundestag und Bundesrat und fordern eine Überarbeitung de Gesetze.

30. November

■ Alexandre Dumas, Schöpfer der Romane „Die Drei Musketiere" und „Der Graf von Monte Christo", findet seine letzte Ruhestätte im Pariser Panthéon. In einer feierlichen Zeremonie mit Schauspielern in den Kostümen seiner Romanfiguren wird der Sarg überführt.

DEZEMBER

1. Dezember

■ Bei einer Schlägerei in München werden Liam Gallagher von der britischen Pop-Band Oasis beide Schneidezähne ausgeschlagen. Die Gruppe sagt daraufhin die restlichen Konzerte ihrer Deutschlandtournee ab.

2. Dezember

■ In Venezuela beginnt ein Generalstreik. Die Proteste richten sich gegen den Präsidenten Hugo Chavez, der als Hauptverantwortlicher für die Wirtschaftskrise angesehen wird. Es kommt zu blutigen Auseinandersetzungen. Die Auswirkungen des Streiks, vor allem in der Ölindustrie, reichen weit über die Grenzen des südamerikanischen Lande hinaus, da Venezuela der fünftgrößte Erdölexporteur der Welt ist.

3. Dezember

■ Bei ihrer Suche nach Massenvernichtungswaffen untersuchen die UN-Inspektoren nun auch einen der Paläste von Präsident Saddam Hussein.

4. Dezember

■ In der Haushaltsdebatte des Bundestages greift Gerhard Schröder die Opposition heftig an. Er wirft ihr schlechten politischen Stil und fehlende Alternativen vor. Das Niveau der politischen Auseinandersetzung sei, so Schröder, „an Inhaltsleere und Bodenlosigkeit nicht mehr zu überbieten."

■ Die Polizei durchsucht in einer Großaktion die niederländischen Möbelhäuser des schwedischen Konzerns Ikea, nachdem in mehreren Filialen Bomben gefunden wurden.

5. Dezember

■ Mit weniger Waffen und einer neuen Organisationsstruktur will Verteidigungsminister Peter Struck die Bundeswehr reformieren. Die künftigen Aufgaben der Armee sieht Struck weniger in der Verteidigung Deutschlands, sondern vielmehr in Auslandseinsätzen.

■ Strom Thurmond feiert seinen 100. Geburtstag. Der Politiker aus South Carolina ist das älteste Mitglied im Senat der Vereinigten Staaten.

6. Dezember

■ Während Muslime in einem McDonald's in der indonesischen Stadt Makassar das Ende des Fastenmonats Ramadan feiern, detoniert in dem Schnellrestaurant eine Bombe. Drei Menschen sterben, elf weitere werden verletzt.

■ Mehr als 3500 Feuerwehrleute versuchen, die australische Stadt Sydney vor einem riesigen Buschfeuer zu schützen. Mittlerweile ist die Millionenmetropole von einem tobenden Flammenring umschlossen.

■ Mit dem „Penthouse Key Club" in Cleveland im Bundesstaat Ohio eröffnet das erste Lokal einer Kette von Nachtclubs des Nacktfoto-Magazins.

■ „Bigfoot" ist tot. Immer wieder waren Berichte von einem rätselhaften zotteligen Riesentier durch die amerikanischen Medien gegeistert. Jetzt gibt Michael Wallace zu, seine Eltern hätten jahrzehntelang die Spuren im Schnee des Bundesstaates Washington gelegt sowie unscharfe Fotos und Videoaufzeichnungen des Monsters verbreitet. Nach dem Tod seines Vaters Ray wolle er nun, dass die Wahrheit ans Licht komme.

7. Dezember

■ Der Aufmarsch am Golf hält an. Mittlerweile hat die US Army allein in Kuwait 9000 Soldaten, 24 Apache Helikopter und die Ausrüstung für zwei bewaffnete Brigaden zusammengezogen. Als logistische Basis in dem Nachbarland des Irak dient das neue 200 Millionen Dollar teuere Camp Arifjan südlich von Kuwait City. Insgesamt sind etwa 60 000 Soldaten und rund 200 Flugzeuge in der Region stationiert.

■ Dieben gelingt es, aus dem Van-Gogh-Museum in Amsterdam zwei Gemälde aus der Frühperiode des Malers zu stehlen. Der Wert der beiden Bilder „Die Gemeinde verlässt die reformierte Kirche in Nuenen" und „Seebad Scheveningen" wird auf mehrere Millionen Euro geschätzt. Die Täter entkommen unerkannt, am Tatort bleiben nur eine Leiter und ein Strick zurück.

8. Dezember

■ Die Grünen haben eine neue Parteispitze. Nach wochenlanger Führungskrise wählt der Parteitag in Hannover in einer Nachtsitzung den Bundesgeschäftsführer Reinhard Bütikofer und die Verteidigungspolitikerin Angelika Beer zu den Nachfolgern der bisherigen Vorsitzenden Claudia Roth und Fritz Kuhn.

9. Dezember

■ Nach anhaltenden Streitigkeiten zwischen SPD und Grünen werden erste Mutmaßungen über eine Regierungsneubildung laut. Nach Angaben der „Süddeutschen Zeitung" liebäugeln führende Politiker von SPD und CDU bereits mit einer großen Koalition. SPD-Generalsekretär Olaf Scholz bezeichnet die Gerüchte jedoch als „völligen Blödsinn".

■ Im Golf beginnt das Manöver „Internal Look". Damit soll die Zusammenarbeit der auf verschiedene arabische Länder verteilten amerikanischen Luft- Wasser- und Bodentruppen geübt werden, um im Falle eines Angriffs auf den Irak optimal vorbereitet zu sein.

■ Die historische Altstadt von Edinburgh brennt. Mindestens zehn Gebäude fallen den Flammen zum Opfer, die in den engen Gassen nur schwer unter Kontrolle gebracht werden können.

■ Bundeskanzler Gerhard Schröder streitet sich auf einer Vorstandssitzung der SPD mit Fraktionschef Müntefering. Mit den Worten „Wer glaubt, dass er es besser kann, der soll es machen", bietet der Kanzler Müntefering sein Amt an.

■ Der Empfang des israelischen Präsidenten Moshe Katsav in Berlin muss ohne Musik stattfinden – die Ventile der Blasinstrumente sind bei Temperaturen von minus sieben Grad Celsius eingefroren. Bei den anschließenden Gesprächen sichert Bundeskanzler Gerhard Schröder Katsav militärische Unterstützung zu.

Nicht nur im verschwenderischen Amerika, auch in Europa lassen immer mehr Bürger zum Fest ihre Häuser in fantastischen Lichterdekorationen erstrahlen. Hier das weihnachtlich herausgeputzte Heim der Familie Bartz im lothringischen Ort Freyming-Merlebach

10. Dezember

■ Die Auswertung der 12 000 Seiten des irakischen

Waffendossiers hat begonnen. Experten der Vereinten Nationen analysieren den Bericht, der sich jedoch nach inoffiziellen ersten Einschätzungen hauptsächlich mit Programmen und Einrichtungen befasst, die schon seit den letzten Waffenkontrollen 1998 bekannt sind.

■ Die israelische Regierung will auch dieses Jahr Palästinenserführer Jassir Arafat zur Weihnachtsmesse nicht nach Bethlehem reisen lassen. Seit fast zwölf Monaten befindet sich Arafat, der mit einer Christin verheiratet ist und mit seiner Frau die Christmesse seit 1995 regelmäßig besucht, faktisch unter Hausarrest in seinen Amtsgebäuden in der Stadt Ramallah.

■ Offenbar sollte die 20-jährige schwedische Prinzessin Madeleine entführt werden. Nach Berichten der Tageszeitung „Expressen" gelang es der Polizei jedoch, den Plan zu vereiteln.

11. Dezember

■ Sollte ein Land es wagen, chemische oder biologische Waffen gegen die USA zum Einsatz zu bringen, drohen Sicherheitsberaterin Condoleezza Rice und der Leiter des neuen Sicherheitsministeriums Tom Ridge mit einem massiven Gegenschlag, der auch die Verwendung atomarer Waffen beinhalten könnte. Weiterhin erklärt das Weiße Haus, Amerika sei in so einem Fall bereit, „überwältigende Gewalt" anzuwenden.

■ Im Arabischen Meer bringen spanische Patrouillenboote den Frachter „Sosan" auf. An Bord befinden sich 15 Scud-Raketen inklusive hochexplosiver Gefechtsköpfe sowie chemische Substanzen. Das Schiff kam aus Nordkorea und war auf dem Weg in den Jemen.

■ Cherie Blair, Frau des britischen Premierministers, nimmt öffentlich Stellung zu der Anschuldigung, sich für den mehrfach vorbestraften Betrüger Peter Foster eingesetzt zu haben. Foster, dem die Ausweisung nach Australien droht, hat die First Lady der Briten beim Kauf zweier Eigentumswohnungen beraten. „Es war ein Fehler", gesteht sie ein, „ich bin aber nicht Superwoman."

■ An der Elfenbeinküste werden massiv die Menschenrechte verletzt. Der Radiosender BBC berichtet von Plünderungen, Morden und Vergewaltigungen, die von uniformierten „Todesschwadronen" begangen werden. Bei den Opfern handelt es sich vornehmlich um Ausländer und Zuwanderer aus dem muslimischen Norden des Landes.

■ Das Fleisch des Seiwals ist eine Delikatesse – doch das vom Aussterben bedrohte Tier steht auf der Roten Liste der Weltnaturschutzorganisation (IUNC). In Japan kann man die rare Spezialität nun ganz legal auf dem Markt erwerben. Offiziell getarnt als „Forschungsprogramm" wurden zum ersten Mal seit 26 Jahren wieder mehrere der seltenen Tiere erlegt.

■ Im nordhessischen Rotenburg wird der 41-jährige Armin M. festgenommen, der im Frühjahr 2000 einen Mann mit dessen Einwilligung vor laufender Videokamera getötet und teilweise verspeist haben soll. Täter und Opfer haben sich via Internet kennen gelernt, angeblich suchte der Kannibale von Rotenburg per Internet bereits erneut nach Freiwilligen.

12. Dezember

■ US-Präsident George W. Bush kündigt an, ab dem Jahr 2004 die Amerikaner gegen Pocken impfen lassen zu wollen, um so den Folgen eines möglichen Terroranschlags entgegenzuwirken. Gesundheitsexperten kritisieren, dass bei einer solchen Impfung jedoch etwa 1000 von einer Million Geimpften gesundheitliche Probleme bekommen würden, bei 15 sei mit bleibenden Schäden zu rechnen und ein bis zwei Personen würden sogar an den Folgen der Impfung sterben.

Deutsche Soldaten geben auf dem Flugplatz von Kabul ihren Kameraden, die bei einem Hubschrauberabsturz starben, das letzte Geleit

■ Deutsche Soldaten werden auch im Fall eines Irak-Kriegs an Bord der Nato-Aufklärungsflugzeuge Awacs sitzen. Bundeskanzler Gerhard Schröder betont in einem Interview, dass Deutschland seine Bündnispflicht den Nato-Partnern gegenüber erfüllen wolle und der Einsatz von Bundeswehrsoldaten in Aufklärungsflugzeugen keine aktive Beteiligung an einem Angriffskrieg sei.

■ Rund drei Minuten nach dem Start in Kourou muss die europäische Trägerrakete Ariane 5-Plus gesprengt werden. Zu dem Zeitpunkt befindet sie sich etwa 120 Kilometer über dem Atlantik. An Bord hatte sie unter anderem zwei Kommunikationssatelliten.

■ In Japan wird eine Frau zum Tode verurteilt, weil sie auf einem Dorffest arsenversetztes Essen servierte. Vier Menschen starben an dem vergifteten Eintopf. Die 41-jährige Masumi Hayashi wollte sich mit der Gift-Suppe an ihren Nachbarinnen rächen, weil diese nicht mit ihr redeten.

■ Aus den USA werden nun auch Vorwürfe gegen den Iran laut, das Land würde an der Herstellung von Massenvernichtungswaffen arbeiten. Wie der Irak gehört auch der Iran zu den von Präsident Bush als „Achse des Bösen" bezeichneten Staaten. Ein Sprecher des iranischen Außenministeriums dementiert die Vorwürfe.

13. Dezember

■ „So Gott will, wird Australien zerstört", droht der mutmaßliche indonesische Anführer der Terrororganisation Jemaah Islamiyah. Er reagiert damit auf eine Ankündigung des australischen Ministerpräsidenten John Howard, auch terroristische Ziele im Ausland anzugreifen.

14. Dezember

■ Im Ärmelkanal kollidieren im dichten Nebel der norwegische Frachter „Tricolor" und das unter der Flagge Bahamas fahrende Containerschiff „Kariba". Die „Tricolor" sinkt mitsamt der Ladung, bestehend aus 2862 fabrikneuen Oberklasse-Wagen von BMW, Volvo und Saab sowie 2000 Tonnen Öl.

16. Dezember

■ In nur 24 Stunden begingen sie einen Mord, einen Raubüberfall und eine Messerattacke, die das Opfer nur knapp überlebte. Nun ist die „Schädelstecherbande“ von Hamburg gefasst. Bei den Tätern handelt es sich um vier Jugendliche im Alter von 14 bis 18 Jahren.

17. Dezember

■ US-Präsident Bush gibt die Anweisung zur Stationierung der ersten Systeme einer nationalen Raketenabwehr in Fort Greeley (Alaska). Bis zum Jahr 2004 sollen die Abwehrraketen einsatzbereit sein und die Vereinigten Staaten vor Angriffen feindlicher Länder schützen. Auch Großbritannien und Dänemark sollen den USA bei dem Aufbau des Schutzschildes behilflich sein, indem sie militärische Stützpunkte zur Verfügung stellen.

18. Dezember

■ Nach einer endgültigen Entscheidung des Bundesverfassungsgerichtes ist das rot-grüne Zuwanderungsgesetz verfassungswidrig und wird nicht wie geplant am 1. Januar in Kraft treten. Bei der Abstimmung im Bundesrat am 22. März war es zu einem Eklat gekommen, daraufhin hatten die unionsregierten Länder gegen das Gesetz geklagt.

19. Dezember

■ „Harry Potter und die Kammer des Schreckens“ ist der erfolgreichste Film des Jahres. 7 839 245 Zuschauer sahen sich die Abenteuer aus Harrys zweitem Jahr in Hogwarts an. Insgesamt spielte der Film in Deutschland, wo er am 14. November in die Kinos kam, knapp 50 Millionen Euro ein.

20. Dezember

■ Um einen angeblichen „Wahlbetrug“ der rot-grünen Regierung nachzuweisen, hat der Bundestag einen Untersuchungsausschuss eingesetzt. SPD und Grünen gelingt es jedoch, die Nachforschungen auch auf die Wahlkampfaussagen der CDU auszuweiten.

■ „Teuro“ ist das Wort des Jahres 2002. Es sei zugleich kreativ und prägnant, begründet die Gesellschaft für Deutsche Sprache ihre Wahl. Damit liegt die Wortneuschöpfung aus den beiden Bestandteilen „teuer“ und „Euro“ vor den Wörtern „Pisa-Schock“ und „Jahrtausendflut“.

US-Verteidigungsminister Donald Rumsfeld zu Besuch bei General Tommy Franks in dessen mobiler Kommandozentrale in Katar, wo Vorbereitungen für einen möglichen Irak-Krieg getroffen werden

21. Dezember

■ In der afghanischen Hauptstadt Kabul stürzt ein Hubschrauber der Bundeswehr ab. Bei dem Unglück sterben sieben deutsche Soldaten. Der Hubschrauber war eine veraltete Maschine vom Typ Sikorsky CH-53. Infolge des Absturzes entbrennt eine Diskussion über die marode Ausrüstung der Truppen.

22. Dezember

■ Nordkorea beginnt mit der Entsiegelung von UN-Überwachungskameras in Atomanlagen, die waffenfähiges Plutonium herstellen können. Die Kameras waren 1994 auf Verlangen der Vereinigten Staaten im Gegenzug für die Versorgung mit Energie installiert worden.

23. Dezember

■ US-Verteidigungsminister Donald Rumsfeld droht Nordkorea indirekt mit einem Krieg, sollte das Land nicht sein wiederaufgenommenes Atomprogramm einstellen.

24. Dezember

■ Den Weihnachtsabend müssen viele Deutsche im Zug verbringen. Vereiste Oberleitungen und umgestürzte Bäume legen den Bahnverkehr im Norden des Landes lahm, teilweise müssen die Fahrgäste über zwölf Stunden in den Abteilen ausharren.

26. Dezember

■ Die „Washington Post“ erhebt schwere Vorwürfe gegen den amerikanischen Geheimdienst. Die Agenten des CIA würden gegen die Menschenrechte verstoßen, indem sie Gefangene mit Schlafentzug oder Vorenthaltung von Schmerzmitteln quälten oder diese sogar für Verhöre an Drittländer übergäben, die für Folter berüchtigt seien.

27. September

■ Sie glauben an Ufos und wollen nun das erste Baby der Welt geklont haben. In Miami verkündet die Sekte der Raelianer die Geburt eines Mädchens, das eine genetische Kopie seiner Mutter sei. Der Klon sei in den Labors des sekteneigenen Unternehmens Clonaid gezeugt worden.

■ Vor einem Regierungsgebäude der tschetschenischen Hauptstadt Grosnyj explodiert eine Bombe und reißt 46 Menschen in den Tod.

■ Nach sieben Jahren offline darf Kevin Mitnick wieder ans Netz. Wegen Softwarediebstahls und verwandter Delikte war es dem berühmten Passwortknacker untersagt gewesen, Rechner mit Zugang zum Internet zu benutzen. Mitnick hatte bei seinen „Besuchen“ in den Computersystemen von Motorola, Novell, Nokia, Sun Microsystems und der Universität von Südkalifornien Millionenschäden verursacht.

29. Dezember

■ Gerhard Schröder trifft zu einem zweitägigen Staatsbesuch in China ein. Zusammen mit seinem chinesischen Amtskollegen Zhu Rongji nimmt der Kanzler an der Jungfernfahrt des von deutschen Firmen in Shanghai gebauten Transrapid teil. Die Einhaltung der Menschenrechte in China mahnt Schröder nur in einer Rede vor Studenten an, nicht bei der Regierung.

■ Die drei Salomon-Inseln Tikopia, Fataka und Anuta werden von einem schweren Wirbelsturm heimgesucht. Zu den etwa 1000 Einwohnern der drei kleinen Inseln kann vorerst kein Kontakt hergestellt werden.

30. Dezember

In der jemenitischen Stadt Dschibla erschießt ein muslimischer Extremist vier Amerikaner, die in einem baptistischen Krankenhaus arbeiteten. Seine Tat bezeichnet er als Protest gegen die Anwesenheit von US-Amerikanern in seinem Land.

Bildnachweis Jahrbuch **2002**

Umschlag: Picture Press, Gamma, Reuters (2), camera4, New Line Produktion, Peter Turnley/Black Star;

6/7: Inhalt: Alle Fotos siehe nachfolgende Seiten;

8/9: Tui De Roy;

10/11: David Silverman/Getty;

12/13: Ami Vitale/Getty;

14/15: Marcus Brandt/ddp;

16/17: Hoang Dinh Nam/AFP;

18/19: Fernando Morales/ AFP, UCLA/Getty;

20/21: Reuters;

22/23: Georges De Keerle/Getty;

24/25: Havakuk Levison/Reuters;

26/27: David Gray/Reuters;

28/29: Lee Jea-Won/Reuters;

30/31: Steve Holland/AP;

32/33: Bill Keogh/AFP;

34/35: NASA/AP;

36/37: Lin Jun-yi/AP;

38/39: Carlo Cortes/Reuters;

40/41: Spencer Ainsley/AP;

42/43: Darren Whiteside/ Reuters;

44/45: dpa;

46/47: Scott Nelson/Getty;

47/48: Greg Baker/AP;

50/51: Oleg Nikishin/Getty;

52/53: Louis Psihoyos/ Matrix/Agentur Focus;

54/55: Teh Eng Koon/AP;

56/57: Jim Cole/AP;

58/59: Duncan Murrel;

60/61: dpa;

62/63: Larry Downing/Reuters;

64/65: Karel Prinsloo/AP;

66/67: Chris McGrath/Getty;

68/69: Johannes Simon/ddp;

70/71: Erica Berger/People Weekly/Corbis Outline;

72/73: Ingo Wagner/EPA/AFP;

74/75: Gabriel Piper/ U.S. Navy/Reuters;

78/79: Maurizio Gambarini/ddp;

80/81: Rubra/EPA/AFP;

82/83: dpa;

84/85: Eckhard Schulz/AP;

86/87: Peter Endig/EPA/AFP;

88/89: Lutz Hennig;

90/91: Petr Josek/Reuters;

92/93: Jürgen Lösel/Sächsische Zeitung, Jürgen Gebhardt/stern;

94/95: Thomas Härtrich/transit;

96/97: dpa;

98/99: Jürgen Gebhardt/stern;

100/101: Armin Weigel/ EPA/DPA;

102/103: Jens-Ulrich Koch/ddp;

104/105: Michael Kappeler/ddp;

106/107: Michael Kappeler/ddp;

108/109: Heribert Proepper/AP;

110/111: Christiane Eisler/transit;

112/113: Jens-Ulrich Koch/ddp;

114/115: dpa;

116/117: Matthias Rietschel/AP;

118/119: Harald Hauswald/Ostkreuz;

120/121: Wolfgang Sens/ Leipziger Zeitung;

122/123: Peter Lochmann/ EPA/AFP;

124/125: Fabian Matzerath/ddp;

126/127: dpa;

128/129: Eckehard Schulz/AP;

132/133: Markus Schreiber/AP;

134/135: Peter Turnley/ Black Star;

136/137: Peter Turnley/ Black Star;

138/139: Götz Schleser;

140/141: Olaf Blecker/ Süddeutsche Zeitung Magazin;

142/143: dpa;

144/145: Ulrich Baumgarten/ vario-press;

146/147: Frank Ossenbrink;

148/149: Illustrationen: Sebastian Krüger (4);

150/151: dpa;

152/153: Marco Urban;

156/157: Jens-Ulrich Koch/ddp;

158/159: dpa, Reuters;

160/161: Mark Wilson/Getty;

162/163: Peter Schatz/PS Press;

164/165: Dave Martin/AP;

168/169: Mark Wilson/Getty;

170/171: Brooks Kraft/Gamma;

172/173: Perry Kretz/stern;

174/175: Justin Sutcliffe/isf;

176/177: Paulo Whitaker/Reuters;

178/179: Sheron Norman/Getty;

180/181: Gamma;

182/183: Spanish Navy Press/EPA/AFP, Carmelo Alen/AP;

184/185: Los Angeles Times;

186/187: Konrad R. Müller/ Agentur Focus;

188/189: AP(2);

190/191: Esteban Felix/AP;

192/193: Jan Bauer/AP;

194/195: Jerome Delay/AP;

198/199: dpa;

200/201: Achim Scheidemann/dpa;

202/203: camera4;

204/205: Daniel Forster;

206/207: Andreas M. Bitesnich (2);

208/209: camera4;

210/211: Laura Rauch/AP;

212/213: Frank Gunn/AP; Alois Furtner/ASA;

214/215: Alexander Hassenstein/Bongarts, Fabrizio Bensch/ Reuters;

216/217: Bill Dobbins (2);

218/219: Clive Mason/Getty;

222/223: Hardy Müller;

224/225: Achim Bunz;

226/227: Reuters, AFP, ddp, AP:

228/229: Hilda Lobinger;

230/231: H+K Paris;

232/233: Pascal Goetgheluck;

234/235: Eckhard Schulz/AP;

236/237: NASA/AFP;

238/239; Pierre Vinet/New Line Produktions, Klett Cotta;

240/241: Mathias Bothor;

242/243: Volker Hinz/stern, ddp;

244/245: H+K Paris;

246/247: Corbis Sygma;

250/251: PA;

252/253: Joern Koch/ddp;

254/255: David LaChapelle/ Corbis Outline;

256/257: dpa;

258/259: Ross Halfin/Idols;

260/261: Horst Diekgerdes;

262/263: Nina Pohl/ Andreas Gursky;

264/265: Nina Pohl/ Andreas Gursky;

266/267: Nina Pohl/ Andreas Gursky;

268/269: Christopher Moore (2), ANSA/AFP, AP (2), Reuters;

270/271: Rindoff Petroff/Angeli;

272/273: Bill Bernstein/AP, Richard Lewis/AP;

274/275: Camera Press/ picture press;

276/277: Emmanuel Scorcelletti/ Gamma;

278/279: Tobias Schwarz/Reuters, dpa;

280/281: Alberto Tolit/ Corbis Outline;

282/283: Sipa, dpa (5), London Features, Camera Press London (2), WDR, AP (2), Reuters, Wolfram Brucks, Kindermann, Eduard N. Fiegel, Gabo/Agentur Focus;

284/285: AFP (2), Zeitenspiegel, dpa (4), Herlinde Koelbl/Agentur Focus, Reuters, UPI, AP, Privatarchiv Junge, D. Kerpenisan, Breuel-Bild, Look Magazine N. Y.;

286/287: ddp, AP (2), action press, Harald Schmitt/stern, Bulls Press, dpa (4), AFP, Public Address, Fred R. Conrad/AP, WDR, TelePress;

288: dpa (3), camera press, Fotex, ddp, FA Hartung, Kövesdi, teutopress, Michael O'Neill/ intertopics, action press;

290/291: Hans Rauchensteiner, Larry Downing;

292/293: Jeroen van der Meyde/ Reuters, Richard Olsenius;

294/295: Reuters, Frazer Harrison/Getty;

296/297: Pier Paolo Cito/AP, AP;

298/299: David Kadlubowski/AP, Pierre Verdi/AFP;

300/301: Jens-Ulrich Koch/ddp, action press;

302/303: Argentine Navy/Reuters, camera4;

304/305: dpa, Frederico Gambarini/ddp;

306/307: dpa, Carsten Koall/ddp;

308/309: ARD/Reuters, Jason Szenes/Getty;

310/311: Jochen Günter, Zahid Hussein/Reuters;

312/313: laif, Vincenzo Maizzil/AP;

314/315: Wolfgang Rattay/Reuters, Christoph Simon/AFP;

316/317: ddp, Beckerbredel/ action press;

318/319: Karen Ballard/ Corbis Sygma, Manish Swarup/dpa

stern
Serie zum 125. Geburtstag
Hermann Hesse
Der Guru für die Jugend der Welt

stern
www.stern.de
Das Chaos nach dem Amoklauf
Niemand redet darüber, alle denken daran
Das Finale verloren, die Herzen gewonnen
Mensch Kahn

stern
www.stern.de
Klassen-treffen
Große Aktion:
Der stern sucht für Sie alte Freunde
aus Schule, Uni, Bundeswehr, Firma und Verein. Gewinnen Sie zehn Wiedersehens-Partys
Das Drama der russischen Schulkinder
Der letzte große Meister der Haute Couture
40 Jahre Rolling Stones – prominente Fans erzählen

Die Kanzlerin
Wie Doris Schröder-Köpf ihren Mann regiert
Akte Scharping:
Die seltsamen Geschäfte des Verteidigungsministers

www.stern.de
Das Kraft- und Ausdauerprogramm für Frauen und Männer von Vitali und Wladimir Klitschko
Fit wie ein Weltmeister
NEUE DOKUMENTE
Hunzingers Netzwerk, Scharpings Verstrickung

stern
www.stern.de
Verhütung, Wechseljahre, Anti-Aging
Risiko Hormone
Wie sie nutzen, wann sie schaden
WELTWIRTSCHAFT AM ABGRUND
Werden wir jetzt alle arm?

Klatsch
Die Macht des Indiskreten

Ein Jahr danach

Von jedem verkauften Heft geht ein Euro an die Flutopfer
stern
Die Flut
Opfer, Helden und die Folgen
stern
Wie die Flut unser Land verändert
stern
Neue Bilder vom 11. September
stern
Bush gegen Saddam
Amerika macht mobil
stern
Ich oder ...äh
Wir heimlichen Liebhaber
Schröders mutloser Start
stern
Die Tragödie von Moskau
Bilder, Augenzeugen, Hintergründe
Neue Serie:
Abenteuer Menschheit
Campino und die 75 nackten Frauen
Wie viel Gesundheit können wir uns noch leisten?
RECHNUNG
James Bond: 40 Jahre Girls und Ganoven
Wahnsinn Pubertät
RENTE Der Aufstand der Jun